AF391563

LA DUCHESSE

DE

KINGSTON.

IV.

LA DUCHESSE

DE KINGSTON,

OU

MÉMOIRES

D'UNE ANGLAISE CÉLÈBRE

MORTE A PARIS EN 1789,

Rédigés par M. DE FAVROLLE.

TOME QUATRIÈME.

A PARIS,

Chez LEROUGE, Libraire, Cour du Commerce, faubourg Saint-Germain, quartier Saint-André-des-Arcs.

1813.

ra [illegible]
un [illegible]
un [illegible]
no [illegible]
ui [illegible]
ic [illegible]
T [illegible]
re [illegible]
e [illegible]
pri [illegible]
x [illegible]
e [illegible]
s [illegible]

inf [illegible]
ofti [illegible]
Ap [illegible]
Iar [illegible]

er : [illegible]
pta [illegible]

ne [illegible]
sup [illegible]
nfi [illegible]
de [illegible]

m [illegible]
lo [illegible]
s a [illegible]

LA DUCHESSE

DE

KINGSTON.

» Zannowich alla chercher fortune
dans les Pays-Bas, où il trouva un
moyen de gagner l'amitié de quelques
grands, tels que M. le prince de L.,
M. le prince D., qui sans doute ont eu
occasion de s'apercevoir combien cet
aventurier était un hôte coûteux. Enfin ne sachant plus comment soutenir
plus long-temps le personnage difficile
qu'il avait joué si long-temps, Stéphano
prit le parti de se retirer dans un er-

mitage auprès de Ratisbonne , où ce Protée , sous le nom du prince d'Albanie qui voyageait *incognito*, joua le dévot pendant quelque temps, jusqu'à ce que les différends qui s'étaient élevés entre Sa Majesté Impériale et la république des Provinces-Unies, lui firent concevoir le plan hardi et véritablement grand de tâcher de mistifier la république entière , en offrant, par le moyen de celui des magistrats de Groningue à qui il était redevable de sa liberté , de lever dans le Montenegro , un corps de dix jusqu'à vingt mille hommes pour le service de la république.

» Le magistrat de Groningue auquel le prétendu prince d'Albanie s'était adressé , ne fit aucune difficulté de présenter sa lettre à leurs hautes

puissances, qui cependant n'acceptè-
rent point le service, mais prirent
seulement un arrêté qui fut commu-
niqué à Zannowich, et qui lui était favorable ; il s'en servit pour se faire donner des sommes considérables par des
négocians d'Augsbourg. On peut es-
timer à quatre cent mille écus d'Empire qu'il a tiré de diverses personnes
dans l'espace de dix ans. Il ne jouait
point, faisait très-peu de dépenses pour
lui-même et était si avare que sa maîtresse chérie, dans une situation fort
embarrassante, ne reçut de lui que
quelques ducats. Il donnait quelquefois des sommes plus considérables,
mais avec beaucoup d'appareil. Sa générosité ne tenait qu'aux circonstances
où il parassait utile d'en imposer.

» Ayant épuisé toutes ses ressources, il passa en Hollande au mois de janvier 1785, et alla loger chez son bienfaiteur. Là il forma une demande aux états de Hollande seulement d'un million de florins pour services, disait-il, rendus à la république. On se moqua de ses prétendus services, de ses réclamations et de sa personne. Il alla se plaindre au Stadthouder qui le reçut encore plus mal. Il eut l'impudence d'exhaler ses mécontentemens en termes fort peu respectueux sur leurs hautes puissances. On méprisa les discours d'un homme méprisable; mais ayant eu l'impudence de venir à Amsterdam, il fut reconnu et démasqué par la maison Chomel qui rendit contre lui plainte en escroqueries. Zannowich fut arrêté et traduit du civil au criminel. Il soutint bien son premier interrogatoire , au second il perdit entièrement sa présence d'esprit accoutumée. Il avait d'abord nié tout ce qu'on lui disait, et soutenait assez fermement qu'il était prince d'Albanie ; mais des lettres de sa mère à la maison Chomel le déconcertèrent à un point qu'il se vit perdu sans ressources. De retour dans la prison il demanda s'il serait encore interrogé de nouveau, et parut déconcerté et consterné lorqu'on l'assura qu'il subirait un troisième interrogatoire ; et voici ce qui se passa les jours suivans, et qui est rapporté dans le procès-verbal que je vais transcrire en entier.

« Le lendemain il parut assez tran-
» quille, et on ne s'aperçut de rien qui
» pût indiquer le désespoir ; mais la

» nuit suivante vers minuit ; le garçon
» geolier entendant du bruit, se rendit
» au cachot, et demanda à Zanno-
» wich la cause de ce bruit. Celui-ci
» répondit qu'il souhaitait du vin,
» offrit pour paiement une paire de
» boutons d'or, que le garçon geolier
» déclare avoir refusé long – temps
» d'accepter ; mais cédant enfin aux
» instances du prisonnier, il lui ap-
» porta en échange une bouteille de
» vin et un verre. Le lendemain matin
» le garçon geolier trouva le prisonnier
» baigné dans son sang et engagé sous
» son châlit. Telles sont les dépositions
» du garçon geolier qui, en consé-
» quence de sa négligence, a été cassé
» ainsi que son frère. La mort de Zan-
» nowich et ses causes sont une énigme
» inexplicable, et qui probablement

» ne s'éclaircira jamais. Voici les
» circonstances de cette mort telles
» qu'elles sont indiquées dans le pro-
» cès-verbal, dressé le 25 mai au ma-
» tin, à l'ouverture du cachot. Le pri-
» sonnier s'était entièrement dépouillé
» de ses habits, n'ayant gardé que ses
» bas. Dans cet état il avait une liga-
» ture au-dessus du coude, et la veine,
» (non point l'artère comme on l'a
» avancé mal à propos) ouverte par
» une incision qui parut avoir été faite
» par un instrument très-affilé. Le
» sang avait coulé avec abondance sur
» la couchette, et il n'y avait que
» quelque peu de goutte par terre,
» où cependant le cadavre s'est trouvé
» sous la couchette dans une position
» qui indiquait clairement qu'il y avait
» été inséré par force.

» On n'a trouvé dans le cachot,
» malgré la plus exacte recherche,
» aucun instrument qui ait pu servir
» à faire le coup. Sur la table se trou-
» vait un verre entier sans aucun côté
» tranchant. Dans la garde-robe dont
» chaque cachot est pourvu, mais qui
» est grillée, on a trouvé un morceau
» de grais, mais qui n'a pu servir à ou-
» vrir une veine. Quelques jours après
» le garçon du geolier, qui n'était
» point encore cassé, a présenté un
» morceau de verre qu'il dit avoir trou-
» vé dans un coin du cachot en le net-
» toyant. Ce morceau de verre pa-
» raissait être effectivement d'une bou-
» teille, et s'est trouvé assez tranchant
» pour qu'on pût supposer qu'il était
» possible d'ouvrir la veine par ce
» moyen.

» Il est cependant remarquable que
» le prisonnier ayant menacé ses créan-
» ciers dans l'année 1779, de se don-
» ner la mort, si on le poursuivait trop
» vivement, la régence d'Amsterdam
» eut la précaution de le faire dé-
» pouiller entièrement, et de lui faire
» mettre des habits tout neufs, pour
» être assurée qu'il ne pourrait rester
» au prisonnier aucun poison ou au-
» cune arme meurtrière. On est donc
» bien sûr que le ruban qui a servi
» pour faire la ligature au bras, n'a pu
» être tombé en la puissance du pri-
» sonnier que par une main jusqu'à
» présent inconnue, et ce fait seul
» bien avéré, joint à l'intérêt très-réel
» que des gens de marque dans l'é-
» tranger pouvaient avoir à empêcher
» le prisonnier de jaser, ne donne que

» trop de lieu de soupçonner quelque
» chose d'extraordinaire dans la des-
» truction de cet homme trop célèbre.
» Le cadavre après avoir été visité
» par les experts, qui n'ont pu déci-
» der quel était l'instrument qui avait
» servi à ouvrir la veine, a été rap-
» porté à l'hôtel-de-ville. Le tribunal
» a prononcé quelques jours après
» sentence portant, que le personnage
» qui avait pris le titre de prince d'Al-
» banie, ayant avoué qu'il avait pris
» gratuitement ce titre, s'étant rendu
» par conséquent coupable d'une four-
» berie au moyen de laquelle il avait
» tenté de surprendre leurs hautes
» puissances elles-mêmes et plusieurs
» particuliers, et ayant été trouvé mort
» dans la prison, son cadavre serait
» traîné mort sur la claye jusqu'aux

» fourches patibulaires pour être jeté
» dans la fosse qui se trouve sous la
» potence. Cette sentence a été exé-
» cutée le même jour 31 mai, en pré-
» sence d'une foule immense, et eût
» dû, ce semble convaincre tout le
» monde que cet homme n'était effec-
» tivement qu'un aventurier. Cepen-
» dant la prévention que Zannowich
» avait su inspirer à quelques per-
» sonnes, était montée à un tel degré,
» que depuis l'exécution de la sen-
» tence, il y a eu des gens assez aveu-
» gles pour soutenir encore que c'était
» le vrai prince d'Albanie, et que les
» magistrats d'Amsterdam avaient
» mal fait de traîner le cadavre avec
» autant de sévérité, après avoir fait
» la fausse démarche de mettre au cri-
» minel un personnage aussi respec-

» table, dont la mort glorieuse justi-
» fiait l'illustre naissance ».

J'ai cru ne pas devoir interrompre ce qui avait rapport à cet homme extraordinaire, que la Duchesse oublia aussi vite qu'elle avait été prompte à s'enflammer pour lui. D'ailleurs elle eut à s'occuper si sérieusement d'autres objets, qu'il n'est pas étonnant que celui-là ait été chassé de son imagination. On assure même qu'à peine sa fin tragique le rappela à sa mémoire. En ayant lu les détails dans le Courrier de l'Europe, elle dit à quelqu'un qui se trouvait présent, et qui avait su combien elle l'avait aimé ; je l'ai aperçu en Italie ; il était beau, bien fait ; mais je n'y aurais jamais été trompée, on voyait bien que c'était

un

un intrigant: il a fait comme le scor-
pion qui se tue quand il n'a plus l'es-
poir de faire du mal; et il n'en fut
plus question. Mais reprenons les
choses de plus haut, et revenons aux
sujets d'alarmes qu'eut la Duchesse.

Fort peu de temps après le départ
de Stéphano, madame de Kingston
reçut une lettre de Londres, en date
du 15 avril 1776, qui la jeta dans la
plus violente agitation. On lui man-
dait que l'aîné des neveux de milord
duc de Kingston, Evelyn Meadows,
voulant rentrer dans la succession du
Lord, avait, d'après l'avis de son
conseil, entrepris de faire casser le
mariage du Duc avec elle, et l'avait
attaquée à la Cour des Pairs comme
bigame. Rien ne peut peindre la fureur qu'elle ressentit à cette nouvelle.

Tome IV.   2

Elle court aussitôt chez son banquier,
M. Jenkins. Celui-ci se faisait céler
ce jour-là dans son cabinet pour ex-
pédier plus librement quelques affaires pressées. Alors la Duchesse ne fait
nul doute qu'il ne soit d'accord avec
ses ennemis; elle enfonce la porte du
banquier, et, lui appuyant un pistolet sur la poitrine, elle le force de lui
rendre ses comptes, avec tous les titres
qu'elle lui avait confiés. De là elle
court déposer sa vaisselle à la banque,
laisse la garde de son palais à un
moine espagnol défroqué, monte en
voiture et part.

Cette scène, et le chagrin que lui
causaient d'aussi tristes nouvelles, al-
lumèrent son sang. Une fièvre ar-
dente la dévorait. Cependant elle ne
voulait point s'arrêter, elle croyait

toujours que la sentence allait être prononcée. Elle fut pourtant forcée de séjourner au milieu des Alpes dans une pauvre cabane ; mais que lui importait? un palais ne l'eût pas vue plus calme. Dans le redoublement, elle était tourmentée par un délire qui lui peignait les plus tristes événemens. Elle ne voyait que chaînes, échaffauds, elle se croyait dans un cachot où elle attendait l'arrêt de sa mort. La force de son tempérament surmonta cependant cette cruelle maladie, la fièvre cessa. Elle traversa la France en litière, et arriva à Calais, où elle trouva le lord Mansfield qui la tranquillisa, l'assurant qu'elle serait admise à donner caution, de sorte qu'elle arriva assez calme à Londres.

Elle vit que le lord Mansfield ne

l'avait point trompée; ses garans furent le duc de Newcastle (*), milord Mounstuard et M. Glover.

Le principal témoin produit contre elle, fut mistriss Craddock. Cette femme avait quitté le service de Milady peu de temps avant le départ de la Duchesse pour Londres. Elle s'était mariée à un mauvais sujet qui avait dissipé en quelques mois le fruit

---

(*) Ce fut à la mémoire de ce Duc que fut faite cette inscription sublime par sa simplicité, qu'on lit sur un monument élevé dans l'abbaye de Westminster : « *A la mémoire du Duc et de la Du-* » *chesse de Newcastle* ». Elle s'appelait Marguerite Lucas, sœur puînée du lord Lucas de Clochester, famille noble et illustre, car tous les frères étaient vaillans et toutes les sœurs vertueuses.

de ses économies, et avait passé aux
îles, laissant sa femme et l'enfant
qu'elle avait eu de lui dans la plus
affreuse pauvreté. Alors elle eut re-
cours à son ancienne maîtresse qui lui
dit que dès qu'elle avait renoncé à l'honneur de lui appartenir, elle n'avait
plus rien à prétendre d'elle. Cette
femme qui avait peu d'élévation dans
l'ame, et que la misère réduisait au
désespoir, alla trouver M. Evelyn
Meadows, héritier naturel du Duc,
et lui révéla ce qui s'était passé à
Clamsfort et à Walsein : la naissance, la mort de l'enfant qu'elle avait
eu du Comte ; l'acte déchiré et refait.
Jamais la vengeance n'avait eu un
effet plus cruel. Evelyn la récompensa
assez pour encourager son zèle, et
point trop, pour que n'ayant plus rien

à espérer de lui, elle mît un terme à ses dénonciations. Cette femme n'eut pas de peine, animée par l'appât du gain, à trouver parmi les valets que Lady avait renvoyés, lorsqu'elle partit avec le Duc pour le comté de Denbigh, à trouver des mécontens. Plusieurs l'avaient servi pendant son premier mariage, presque tous avaient à se plaindre de sa parcimonie et de son humeur altière ; et tous attestaient les faits avancés par mistriss Craddock.

Il n'était pas assez de ces accusasions, il fallut encore qu'elle trouvât un ennemi qui parût décidé à la perdre dans l'opinion publique, qui trop souvent entraîne celle des juges, un directeur du théâtre de Haymarket, nommé Foote. On vint lui apprendre que le directeur va donner une pièce nouvelle ayant pour titre *A trip to Calais* (un tour à Calais), où ce comédien avait peint Lady sous les couleurs les plus défavorables. C'était un crime dans la position où se trouvait la Duchesse, ou, comme le dit un auteur du temps, un assassinat moral. Mais ce qui rend encore la conduite de Foote plus vile, c'est qu'il n'avait fait cette pièce, et n'en avait fait circuler l'existence que pour tirer de l'argent de Lady, pour la supprimer. Il ne se trompait pas. Dès qu'Elizabeth eût entendu parler de cette pièce, elle fit dire au directeur de se rendre chez elle, ce qu'il fit avec sa pièce. Lady le pria de lui en lire quelques morceaux. Il commença par le rôle de lady Crocodille. La Duchesse cria au scandale, au guet-à-pens. Foote assura qu'il n'avait eu aucune allusion en vue. La ressemblance était si frappante que Lady ne pût s'y méconnaître, et elle prit le parti de l'acheter pour l'anéantir. Elle le lui proposa. Celui-ci accepte et demande deux mille guinées. La Duchesse se récria sur l'énormité de cette somme, et en offrit quatre cents. L'autre tint pour deux mille. La Duchesse va jusqu'à mille six cents. Foote a la bêtise de refuser. A peine est-il parti que le duc de Newcastle vint chez la Duchesse, l'assure qu'elle aurait grand tort de donner un schelling, et qu'il va trouver le moyen d'en imposer à ce forban littéraire ; et en effet, le lord comte Hertford, chambellan de Sa Majesté, lui fit défense de faire jouer la pièce. Alors Foote crut trouver un

moyen de recevoir les mille six cents
livres sterlings , en faisant dire qu'il
allait faire imprimer la pièce. M.
Jackson, aumônier de la Duchesse,
se rendit chez lui, et lui signifia qu'il
n'imprimerait pas sa pièce, et qu'on
ne lui donnerait point d'argent; et que,
s'il s'avisait d'aller outre, il aurait affaire à des hommes si puissans qu'ils le
réduiraient en poudre. — Oh ! certainement j'imprimerai si la Duchesse
ne prend pas en considération la perte
qu'elle me fait supporter. M. Jackson se retira sans dire un mot, et lui
faisant une grande révérence. Cependant l'entrepreneur inquiet des menaces que lui avait faites l'aumônier
en écrivit à la Duchesse en ces termes:

Foote, entrepreneur de spectacles, à madame la Duchesse de Kingston.

Le 12 août 1775.

« Madame,

» Un membre du conseil privé, ami de votre Grâce, lequel m'a prié de ne point le nommer, mais que vous devinerez aisément, vient de me quitter à l'instant où j'ai l'honneur de vous écrire ; il m'a expliqué ce que j'étais fort éloigné de croire, comment la publicité des scènes de ma comédie intitulée : *A trip to Calais* (un tour à Calais), pouvait, *avec l'épître dédicatoire et la préface*, devenir, dans les circonstances où votre Grâce se trouvent, d'une conséquence dangereuse pour vos affaires. Je prends le ciel à témoin de la pureté de mes intentions. Je suis loin de vouloir aucun mal à Votre Grâce, et je serais au désespoir de rien faire qui fût injurieux à votre nom.

» J'accorde donc à cette considération ce que ni les offres que vous m'avez faites, ni les menaces de vos agens, n'ont pu obtenir de moi ; c'est que les scènes en question ne seront point publiées, et qu'il ne paraîtra rién sur mon théâtre, ou venant de ma part, qui puisse vous faire aucun tort, pourvu toutefois que les attaques dirigées contre moi dans les papiers publics, ne m'obligent point à agir pour ma propre défense. Votre Grâce verra en conséquence à donner les ordres convenables. Je suis, etc.,

Signé SAMUEL FOOTE».

Au reçu de cette lettre Milady manda M. Jackson, le remercia beaucoup de lui avoir sauvé 1600 guinées et le pria de répondre en son nom au comédien. Voici le contenu de la réponse :

« Monsieur ,

» J'étais à diner quand on m'a remis votre impertinente lettre ; quoiqu'elle ne mérite pas grande attention, je veux bien perdre un moment à vous faire réponse.

» Un membre de votre conseil privé ne peut jamais espérer d'être admis dans celui d'une femme comme il faut ; et je sais trop ce que je me dois, pour me compromettre avec un vil assassin qui demande la bourse aux passans.

» Si je vous abhorrais autant pour vos calomnies, à présent je vous méprise pour les offres que vous me faites de les supprimer. C'est une preuve de la lâcheté de votre satire que vous êtes prêt à publier, ou à retenir, selon les arrangemens qui conviendront à votre avarice. C'est vous qui le premier avez eu la bassesse de tirer l'épée, et si je la remettais dans le fourreau avant de vous avoir coupé les oreilles et la figure, comme à un plat valet que vous êtes, vous pourriez nier qu'il y eût du courage dans une femme insultée, et de la bassesse dans un histrion calomniateur. Je pense que mon sexe suffisait pour me mettre à couvert des attaques d'un homme ; mais c'est au descendant d'un sapajou que j'écris, et je profanerais le nom d'homme en l'appliquant à un être tel que M. Foote. Revêtue de mon innocence comme d'une cotte de mailles, je défierais une armée entière d'ennemis; et certaine de n'avoir jamais offensé, du moins volontairement, un seul individu, je ne doute pas qu'une nation brave et généreuse ne me protège contre la méchanceté d'un coupejaret de théâtre. Je suis charmée de vous apprendre que, quoique je voulusse bien par charité, subvenir à vos besoins d'une façon assez libérale, je méprise trop l'insolence avec laquelle vous prétendriez me vendre votre silence, pour ne pas vous donner le certificat le plus authentique du souverain mépris que j'ai pour votre personne.

» Je vous avouerai cependant qu'il

y a dans votre pitié quelque chose qui m'indigne. Une offre de cette nature de votre part trahit tout à-la-fois votre insolence et votre orgueil. La pitié que vous me témoignez, je la garde jusqu'au jour où vous rendrez l'ame à la potence.

ELIZABETH KINGSTON.

Dimanche, 13 août.

» *P. S.* Vous auriez reçu ma réponse plus tôt, si ma femme-de-chambre n'avait pas été si long – temps à l'écrire ».

La réplique ne se fit pas attendre, la voici :

« Je ne puis m'empêcher de croire

que vous eussiez agi prudemment de répondre à ma lettre avant dîner, ou du moins, de remettre votre réponse au lendemain matin. Vos idées plus fraîches et plus nettes, vous auraient laissé voir à tête reposée que c'était très-volontairement que je consentais à la requête dont vous aviez tâché d'obtenir l'effet par tous les moyens possibles.

» Lord Mounstuard, dont j'honore les hautes qualités, et dont vos agens ont d'abord mis le nom en ayant avec tant de maladresse, sait que, quand j'ai eu l'honneur de le voir à l'hôtel de Kingston, où Votre Grâce m'avait donné rendez-vous, bien loin de solliciter votre charité, j'ai rejeté vos offres brillantes avec tout le mépris qu'elles méritaient. Et en effet, Madame,

dame, les bontés dont m'honore mon royal maître et la bienveillance du public m'ont mis à portée de pouvoir me passer des vôtres.

» Je ne vois pas trop pourquoi vous vous revêtissez de votre cotte de mailles? Je n'ai point des intentions hostiles. C'est la folie et non le vice qui est de mon ressort. Vous auriez dû vous apercevoir qu'il n'y a dans ces scènes que vous avez eu la maladresse de vous appliquer, aucune allusion aux petits accidens de votre vie qui ont exigé la grande enquête de la justice. Je suis cependant enchanté que votre robe d'innocence soit en si bon état. Je craignais, je l'avoue, que vous ne l'eussiez un peu trop usée. Je désire bien vivement qu'elle vous tienne chaudement cet hiver.

Tome IV.   3

» A l'égard des ancêtres dont il plaît à Votre Grâce de me gratifier, je dois présumer que ce sont des personnages métaphoriques, et qu'elle entend qu'ils ont donné naissance à ma muse, et non à ma personne. Un sapajou et un catin sont, poétiquement parlant, de bons parens pour un auteur comique : le premier pour répandre de l'humeur et de la gaîté ; la maman, pour fournir les grâces et les manières engageantes. Votre Grâce n'ignore point que les acteurs et les catins vivent des amusemens du public. Elle est la seule personne qui n'ait pas entendu parler des femmes qui, par de petites menées sourdes, sont arrivées à des fortunes éblouissantes. Si vous croyez que je doive réellement le jour au bizarre assemblage qu'il vous a plu de faire, apprenez, Madame, que vous êtes dans une grosse erreur. Mon père était un magistrat utile, un respectable gentilhomme de campagne ; c'est ce que tout le comté de Cornouailles vous certifiera. Quant à ma mère, fille de sir Edouard Gordère, représentant du comté d'Herfort, sa fortune était aussi considérable que ses mœurs étaient pures et intactes, quoique votre Grâce ait jugé à propos de déprécier l'un et l'autre. Elle est morte âgée de près de quatre-vingts ans ; et, ce qui surprendra un peu votre Grâce, elle ne s'est jamais mariée qu'une fois en sa vie. Je vous dois des remercîmens du présent que vous me destinez pour le jour où, comme vous l'exprimez si poliment, le bourreau m'étranglera.

» Je vous serais obligé de me dire si votre femme-de-chambre ne s'appelle pas Jackson, et si ordinairement vous ne l'habillez pas en noir aux dépens de vos jupons de deuil ? c'est ainsi que pleurait jadis la matrone d'Ephèse. J'imagine que Votre Grâce a pris l'idée d'un pareil secrétaire dans son dernier voyage à Rome. Vous avez dû y entendre parler d'un certain Jean ou d'une certaine Jeanne qui fut autrefois élu Pape ; sans doute que, humble imitatrice de sa Sainteté, vous aurez converti un pieux curé en femme-de-chambre. Le stratagème est nouveau pour ce pays-ci, et cette invention heureuse doit avoir ses agrémens particuliers. Puissiez-vous n'avoir jamais besoin dans aucun cas, du *bénéfice du clergé !* C'est le vœu de votre très-humble et très-obéissant serviteur.

SAMUEL FOOTE ».

Cette lettre, que Foote rendit publique par la voie des journaux, affligea sensiblement la Duchesse, et si l'entrepreneur perdit le gain sur lequel il avait compté en faisant jouer son *tour à Calais*, ou en faisant acheter chèrement sa suppression, il s'en dédommagea par l'essor qu'il donna dans cette lettre à son genre satirique, dont la liberté étonne ceux qui n'ont point de connaissances des mœurs anglaises, et de la considération où sont les comédiens. Il n'y eut même que la position où se trouvait Lady, qui fit que l'on fut révolté des torts de Foote vis-à-vis d'elle; car dans toute autre circonstance les rieurs eussent été du côté du saltinbanque. Milady se rendit à la barre accompagnée de mistriss Egerton, dont le mari était de la famille de Bridgewater ; de Mistriss Barrington, veuve du général Barrington, frère du pair de ce nom ; du feu docteur Isaac Schomberg et du docteur Warren, actuellement vivant. Elle avait adopté une singulière méthode de résister à l'émotion que lui avait causé son interrogatoire, c'était de se faire tirer quelques palettes de sang, en sortant de devant ses juges.

Comme les procédures du genre de celle de Lilady doivent toujours être publiques, le concours du peuple en était aussi inséparable que les cérémonies d'usage. Le président, que le roi nomme dans ces sortes d'occasions, porte le titre de grand steward du royaume, dignité éminente, mais qui finit avec le procès. Ce fut le grand chancelier qui en fut revêtu dans l'affaire de la Duchesse de Kingston. Il présida à cette assemblée, qui, sous bien des rapports, veut être regardée comme la plus respectable, tenant à la main un bâton long et mince, comme la marque distinctive de sa dignité. Que l'on se représente la salle immense de Westminster, dont l'évasion, égale à celle des plus hautes églises, fournit une place spacieuse aux amphithéâtres que l'on y élève. Les loges et les diverses séparations qu'on y avait pratiquées pour la famille royale, les dames, les ministres étrangers, les membres de la chambre des communes, étaient couvertes de superbes tapis. Les passages étaient gardés par des soldats qui ne paraissent jamais à ces scènes nationales. Les pairs, au nombre d'environ deux cents, les évêques et les premiers magistrats du royaume, en habits de cérémonie, assis en demi-cercle dans le parterre, et le grand stward, au pied d'un trône élevé pour le roi, qui n'y parait jamais, tout concourait à faire de cette assemblée un spectacle superbe et imposant. A quelques pas du trône, était placée une grande table pour le secrétaire de ce tribunal suprême. Le centre du cercle était réservé pour l'accusée et ses accusateurs. La Duchesse avait à ses côtés deux femmes - de - chambre, un médecin, un chirurgien, un apothicaire,

un

un secrétaire et six avocats. Elle était vêtue de noir. M. d'Archenholz, présent au jugement, et de qui nous empruntons ces détails, dit : « que sa contenance noble et ferme, pendant toute la procédure, lui gagna tous les cœurs, quoique les lois ne fussent point en sa faveur ». Nous transcrirons ici la narration qu'il nous en a donnée dans son Tableau de l'Angleterre, ouvrage trop peu connu, et qui mérite d'être distingué de la foule de ceux qui ont paru jusqu'à présent sur le même sujet. « Elle tint elle-même, dit cet observateur, un discours à l'assemblée, avec une dignité inimitable. Cependant, elle fut déclarée coupable, après que les pairs eurent donné leurs voix, en se levant les uns après les autres, la main posée sur la poitrine, et en disant : *Sur mon honneur, elle est coupable.* Le dernier pair commence la cérémonie, et ainsi de suite , jusqu'au grand steward. La peine portée par la loi pour une bigamie prouvée, comme c'était ici le cas, est un fer rouge que l'on applique sur la main ; mais un ancien privilége en exempte la pairie. Les avocats de la Duchesse le firent valoir; la partie adverse s'éleva contre, et alors seulement cette femme infortunée perdit la fermeté qui l'avait soutenue jusqu'à ce moment. Elle s'évanouit, et fut emportée. Elle jouit cependant de cet heureux privilége, et en fut quitte pour une remontrance du grand steward , qui la termina en l'avertissant qu'elle ne devait plus compter sur tant d'indulgence, en cas de récidive ».

Il arriva, dans le cours de son procès, un incident bien propre à cons-
tater l'excellence des tribunaux publics en Angleterre. Le principal témoin de la Duchesse était un vieillard
alité, qui ne pouvait être transporté.
Cependant sa déposition, favorable à
Milady, était indispensable pour le
gain de sa cause. Elle demanda à ses
juges la faveur, inusitée en Angleterre,
d'envoyer une députation juridique
au vieillard, pour recevoir son té-
moignage. On allait souscrire à la
requête de l'accusée, lorsque lord
Mansfield, premier juge de l'Angleterre, qui ne siégeait pas alors en cette
qualité, mais comme simple pair, se
leva pour parler à son tour. Après
avoir protesté de son inclination à accorder à l'accusée tous les moyens pos-

sibles de justification, il peignit des
plus vives couleurs les suites préjudi-
ciables de cette faveur illégale; il dit
que l'exemple, dont l'autorité est si
puissante dans les tribunaux anglais,
engagerait souvent, et obligerait même
à accorder de pareilles demandes; que
dans tous les procès de quelque im-
portance, il y aurait toujours quelques
témoins malades à entendre en secret;
et avec quelle facilité, ajouta-t-il, ne
pourrait-on pas abuser ou séduire un
petit nombre de députés? Qui empê-
cherait même de faire élire à son gré
les membres de la députation? Lord
Mansfield finit par dire que cette in-
novation ouvrirait la porte aux abus
de la séduction et de la vénalité; qu'elle
porterait un coup mortel à la liberté
nationale, et au droit de propriété si

sacré dans l'île; et qu'elle exposerait
même la vie du citoyen. Le discours
du lord Mansfield fit la plus vive impression sur les esprits. Les partisans
les plus zélés de la Duchesse, parmi
les pairs, se désistèrent aussitôt de
leur demande, et ses éloquens défen-
seurs furent réduits au silence.

A l'instant où on lui annonça qu'elle
était convaincue, l'idée de se voir dépouillée par force des biens immenses
qu'elle avait acquis par tant de ruses,
se présenta à son esprit; à peine lais-
sa-t-elle au chancelier le temps de lui
lire sa sentence; elle se tourna du
côté de M. Glover, et lui dit: « Vous
l'entendez, je suis condamnée. Il y a
des arquebuses et des pistolets à l'hôtel
de Kingston, courez-y, chassez-en
tous les domestiques, prenez posses-

sion de cette maison en mon nom, et
s'il le faut employez la force ».

Cependant, elle avait tort de se
croire dépouillée de ses biens, le testament du Duc étant indépendant de
son mariage, fut maintenu dans toute
son étendue, et la comtesse de Bristol
fut aussi riche que l'avait été la duchesse de Kingston. Mais ses adver-
saires formèrent le projet de l'empêcher de quitter l'Angleterre, où ils
n'eussent cessé de l'abreuver de dé-
goûts. On préparait un *wrigt de ne
exeat regno*, défense de sortir du
royaume. Mais, instruite par ses
amis, elle eut le temps de s'y sous-
traire par la fuite ; et pour mieux
tromper ses ennemis, elle fit prome-
ner tout le jour son carrosse dans les
rues de Londres, ayant fait mettre

dedans un mannequin habillé comme elle, tandis qu'elle se rendait en poste à Douvres, où son yacht l'attendait; et elle passa à Calais, où le bruit de son procès l'avait précédée, et où elle fut reçue avec cette aimable hospitalité française qui subjugue les étrangers. Elle fut enchantée de l'accueil qu'elle reçut de tout ce qu'il y avait d'important à Calais; et, comme dans les environs, personne n'avait intérêt qu'elle fût comtesse de Bristol, tout le monde l'appelait la duchesse de Kingston : de sorte qu'elle oublia bientôt son procès et les chagrins qui en avaient été la suite. Il n'y avait dans cette nouvelle situation qu'une seule chose qui lui déplaisait, le repos; il semblait qu'il était opposé à son être. Le repos en effet ne convient qu'à ceux qui trouvent dans la littérature leur plus douce occupation. Mais on se souvient que pour Lady il n'était qu'un seul livre où elle daignât lire, le grand livre du monde. Il lui fallait donc sans cesse des observations nouvelles. Aussi ne tarda-t-elle pas à s'ennuyer à Calais ; et, prenant le prétexte qu'elle avait laissé des objets précieux à Rome, elle retourna en Italie, où elle avait, comme nous l'avons dit, laissé son palais, magnifiquement meublé, sous la garde d'un Espagnol, moine apostat, et d'une jeune Anglaise. Elle le trouva entièrement dévasté. Ce scélérat, ayant contrefait la signature de la Duchesse, prétendit qu'elle lui donnait ordre de vendre ses effets, et de lui en envoyer le prix. Il les vendit en effet, et garda

l'argent. Il fit plus, il abusa de la cré-
dulité de la pauvre Betzi, lui persuada
qu'il avait obtenu du pape d'être relevé de ses vœux, et de se marier. Il
s'entendit avec des coquins comme lui,
pour faire un faux mariage à la chapelle du palais, passa un mois avec
elle, et partit pour Constantinople,
où, en arrivant, il abjura la religion
chrétienne, laisant la pauvre Betzi enceinte, et n'ayant presque rien pour
vivre. Il y avait trois mois qu'elle attendait son parjure, lorsque la Duchesse arriva à Rome : c'est alors que
l'infortunée apprit toute l'horreur de
son sort. Sa maîtresse l'accabla de re-
proches, et lui demanda où était
l'Espagnol. Hélas! dit-elle, je n'en sais
rien. Il m'a épousée il y a quatre
mois : depuis trois mois qu'il est parti,

pour huit jours, disait-il, je n'en ai
pas entendu parler. On chercha inutilement le prétendu mari de Betzi,
et le ministre qui l'avait mariée; on
ne trouva ni l'un ni l'autre. Il fallut
que Lady se passât de ses meubles,
comme Betzi de son époux. Madame
de Kingston, touchée de la profonde
douleur de cette fille, paya chez un
médecin ce qui était nécessaire pour
le temps de ses couches et la nourriture de son enfant, plus, deux cents
livres sterlings pour la mère. Elle en
avait tant de chagrin, qu'elle ne put
amener à bien le fruit de son faux
hymen. La douleur qu'elle en ressentit lui fit chercher dans la religion
des consolations que le monde ne
pouvait plus lui donner. Elle em-
brassa le rit romain, et se consacra

à Dieu, dans un couvent d'Annonciade, où elle a vécu dans une haute piété.

Quant à la Duchesse, elle s'estima heureuse de retrouver sa vaisselle, qu'elle avait laissée à la banque; et n'ayant plus rien qui la retînt à Rome, elle revint à Calais, où elle loua un hôtel magnifique, qu'elle meubla avec la somptuosité et le goût qui ne la quittaient jamais. Mais dès qu'elle n'eut plus l'occupation que lui avait donnée son ameublement, elle s'ennuya de nouveau, et alors elle reprit le projet qu'elle avait eu avant son procès, d'aller à Saint-Pétersbourg. Il lui semblait que son génie pouvait s'accorder avec celui de la Sémiramis du Nord ; elle se flattait de mériter son amitié, et elle était décidée à ne rien épargner pour se procurer sa faveur. Comme elle ne faisait rien comme une autre , elle ne voulut confier son existence qu'à un vaisseau construit pour elle. Elle y fit pratiquer un appartement complet. Salon orné de peintures , salle à manger, chambre à coucher, cuisines. Sans le roulis du vaisseau, on eût cru entrer dans une charmante maison sur la terre. Elle avait fait choisir son équipage avec le plus grand soin. Enfin tout lui promettait une heureuse navigation. Elle avait fait embarquer une riche collection de tableaux, venant de la succession du Duc, pour l'offrir à Catherine II. Elle aborda le plus heureusement du monde à Saint-Pétersbourg , où l'Impératrice, instruite du magnifique présent que Lady lui apportait, voulut lui donner, dès le premier moment, une preuve de sa bienveillance. Cette Princesse la dispensa de toute étiquette, la reçut dans une superbe maison de plaisance, à quelques milles de Saint-Péters-bourg, et lui dit avec bonté qu'elle la priait de la regarder comme à elle. Mais bientôt Lady ne vit plus, dans cette superbe retraite, qu'un exil. Et en effet, Catherine, qui savait que Lady avait perdu, par un jugement solennel, le titre de duchesse de Kingston, ne pouvait lui en accorder ni le rang ni le nom : ce fut ce qui détermina cette Princesse à engager la Duchesse à fixer son séjour à la campagne. L'ambassadeur d'Angle-terre, qui l'avait beaucoup connue à Londres, lui rendit aussitôt une visite, et lui témoigna tout le respect que pouvait exiger de lui la Duchesse. Mais lorsqu'elle le pria de l'accompagner à la Cour, son Excellence lui répondit qu'il fallait qu'il en rendît compte au cabinet de Saint-James ; c'était lui dire qu'il ne voulait pas se compromettre : et alors tout prouva à Elizabeth qu'elle ne pourrait paraître à Saint-Pétersbourg avec éclat : elle chercha d'autre moyen d'y parvenir.

Elle remarqua que les dames de la plus haute considération portaient un ordre dont le médaillon renfermait le portrait de la Souveraine. Elle se flattait que, paraissant se fixer en Russie, et s'y naturaliser en quelque sorte par des acquisitions considérables, elle obtiendrait cette décoration, l'objet actuel de ses vœux.

Frappée de cette idée, elle se hâta

d'acheter une terre qui lui coûta douze
mille guinées, fort près de la maison de
plaisance de l'Impératrice, et crut qu'a-
lors on ne lui refuserait pas le ruban.
Mais à la première ouverture, le chancelier de l'ordre lui assura que l'usage
constant de l'empire excluait toute
étrangère de cet honneur. De ce moment la Russie lui devint insuppor-
table. Mais que faire de ses terres ? les
revendre à vil prix pour s'en débarras-
ser, lui paraissait le meilleur parti,
lorsqu'un nommé Grenlaugh, l'un de
ces aventuriers qui s'attachent toujours
aux gens riches, comme les chenilles
vivent sur les feuilles et les dévorent,
vint trouver Lady, et lui dit qu'elle
pouvait tirer le plus grand parti de
sa possession. Comme elle était voisine
de la mer, elle crut qu'il allait lui por-

poser d'établir une pêcherie, et c'était la seule chose qui eût été utile, et par conséquent elle ne le voulait pas; elle voulait encore moins tirer des bois de construction, de ceux qui couvraient sa terre. L'idée de Grenlaugh lui plut bien davantage : il l'assura que ce qu'elle avait de mieux à faire était d'y établir une distillerie d'eau-de-vie. Lady, à qui il fit voir ses plans, les trouva admirables. Elle fit plus : elle surveilla elle-même les ouvriers; et tant que tout ne fut pas achevé, elle se persuada qu'elle serait parfaitement heureuse, en étant fabricante de rack; mais au bout de quinze jours que ses alambics furent en activité, qu'elle vit que c'était toujours la même chose, elle prit sa fabrique en dégoût, comme tout ce qu'elle possédait sans inquié-

tude,

tude, et elle ne s'occupa que des moyens de retourner en France, laissant son établissement à un charpentier anglais qui était l'intendant de sa distillerie. Mais au moment où elle voulut partir, un événement fâcheux l'arrêta en Russie. Le plus affreux ouragan fondit sur Saint-Pétersbourg, enleva des toits, abattit des édifices; mais sur-tout il exerça sa fureur sur les bâtimens qui étaient dans le port. Le vaisseau qui avait apporté Lady dans le golfe de Finlande, fut tellement endommagé, qu'il eût été impossible qu'elle se remît en mer.

L'Impératrice l'ayant appris, donna ordre que le bâtiment appartenant à Lady fût radoubé aux frais du gouvernement russe. Il fallut six semaines avant qu'il fût remis à flots. Aussi,

rien n'était comparable à l'humeur de
la Duchesse, qui ne pouvait supporter ce retard sans en faire souffrir
tout ce qui l'entourait. Mais personne
n'en ressentit les effets d'une manière
plus douloureuse que son chapelin,
le digne M. Foster. Elle eut une que-
relle des plus vives, pour quelques
livres sterlings qu'elle prétendait ne
pas lui devoir pour ses honoraires,
qu'elle prétendait n'avoir pas fixé au
prix que M. Foster demandait. Elle
lui dit les choses les plus dures, au
point que ce ministre, ne pouvant
supporter plus long-temps d'être aussi
maltraité, donna sa démission, en
ajoutant : *Je suis vieux, Madame,
sans être bas.*

Le pauvre abbé Séchaud, aumônier de son équipage, composé de

matelots français, fut encore plus malheureux, car il n'avait aucune ressource. Elle lui signifia, que n'étant pas de sa religion, elle n'avait point besoin de lui, et qu'ainsi tout ce qu'elle pouvait faire pour cet ecclésiastique, était de permettre qu'il fît la traversée à bord sur son vaisseau, mais qu'elle ne prétendait point lui donner d'honoraires. Comme il serait mort de misère en Russie, il se soumit à la loi rigoureuse qu'elle lui imposait. Trop heureux, dit un auteur du temps, de revenir dans sa patrie chercher du pain. Cette femme, qui jettait l'or à pleine main, pour satisfaire ses passions et ses fantaisies, disputait quelques livres sterlings, de plus ou de moins, à l'honnête indigence de son chapelain et de son aumônier.

Au moment de quitter la Russie, elle voulut donner une idée de son opulence dans une fête que Catherine II honora de sa présence. Ce fut dans la maison que l'Impératrice lui avait donnée qu'elle eut lieu. Deux cents couverts, partagés en quatre tables, furent servis en vaisselle plate, et celle de l'Impératrice en vermeil. Tout ce que l'Europe peut produire de plus recherché s'y trouva, et fut servi par cent quarante domestiques à la livrée de Kingston. Elle partit deux jours après. Lorsque son vaisseau, rapporte le *Morning-Chronicle*, arriva à la rade de Calais, ce fut une joie générale : les femmes, les enfans, les vieillards accouraient en foule pour jouir du spectacle de son arrivée. Une troupe de jeunes filles, galamment tues, vinrent lui présenter des fleurs à la descente du navire, et précédait sa marche. Le port et la ville retentissaient d'acclamations. Sa marche avait l'air d'un triomphe : elle fut reconduite à son hôtel par un concours innombrable de personnes de tout âge, de tout sexe et de toutes conditions : les matelots de son équipage fermaient cette espèce de pompe triomphale. Arrivée chez elle, elle y reçut les personnes les plus distinguées de la ville, qui vinrent aussitôt la féliciter, leur donna une fête superbe, et fit distribuer des rafraîchissemens à tous ceux qui l'avaient accompagnée jusqu'à son hôtel ; de sorte que ce jour-là fut, pour ainsi dire, un jour de fête pour toute la ville.

Les jours suivans elle ne cessa de recevoir des visites. Elle entretenait toutes ses connaissances de la flatteuse réception que lui avait faite l'Impératrice, des bontés sans nombre dont cette Souveraine l'avait comblée; des honneurs qu'elle avait reçus des personnes les plus distinguées de la Cour. Les belles acquisitions qu'elle avait faites près de Saint-Pétersbourg n'étaient pas oubliées dans ses conversations. Ses habitations, disait-elle, étaient peuplées de vassaux si soumis, si respectueux, qu'ils n'osaient approcher d'elle sans se prosterner, et qu'ils commençaient par baiser le bas de sa robe. A l'entendre, la Souveraine de toutes les Russies avait été son intime amie: quand elles passaient un seul jour sans se voir, Catherine II voulait bien avouer qu'il lui manquait quelque chose, et qu'elle avait mal passé la journée. Les bons Calaisiens prêtaient une oreille attentive à ses récits, et les Anglais qui venaient la voir les reportaient dans leur patrie.

Cet article dont la fin était une ironie, par la haine et le désespoir qu'inspiraient aux ennemis de la Duchesse, les succès d'une femme qu'ils n'avaient pu anéantir, troubla le plaisir qu'Elizabeth avait à raconter son voyage, et qui, joint à l'uniformité de la vie qu'elle menait à Calais, lui donna la fantaisie de retourner en Russie, pour y mettre en sûreté ce qu'elle y avait laissé, craignant que son charpentier anglais ne fût pas plus fidèle que le moine apostat. Mais, fatiguée de voyager par mer, elle voulut se rendre à Saint-Pétersbourg, en traversant l'Allemagne. Arrivée à Vienne, elle y chercha de nouveaux plaisirs. Cependant, peu satisfaite de son séjour dans cette capitale, elle écrivait à madame de Laville, avec qui elle s'était liée dans son dernier séjour à Calais, et dont nous aurons occasion de parler plus bas : « On ne s'occupe à Vienne que de ce qui concerne la vie animale. On dejeûne, dit-elle, jusqu'à ce qu'on dîne, et on dîne jusqu'à ce qu'on soupe, sans autre intervalle qu'une courte promenade et les spectacles. Elle loue Joseph II, d'avoir introduit dans sa Cour ce raffinement de goût et de mœurs qui l'a si fort distingué depuis qu'il est empereur. Elle remarque aussi que la plupart des nobles autrichiens sont considérablement endettés;

et

et cela, selon elle, n'est pas difficile à
expliquer. Par-tout ailleurs on s'attache à certains objets de luxe; mais
à Vienne ils y règnent tous à-la-fois:
chevaux, domestiques, plaisirs de la
table, spectacles, habillemens, tout
est porté au dernier excès. Il y a à
Vienne plusieurs écuries de cinquante
chevaux, même plus. Quantité de
seigneurs en ont de vingt-cinq à trente;
et l'on cite, comme exemple de faste,
une maison qui consiste seulement en
un maître d'hôtel, un sécrétaire, deux
valets-de-chambre, deux coureurs,
un ou deux chasseurs, deux cochers,
cinq ou six laquais et un portier. Les
maisons de Lichtenstein, Esterhazi,
Schartzenberg, et quelques autres,
ont cinquante domestiques, indépen-
damment des gardes-du-corps. Une

seule assiette de fruits icoûte souvent
soixante à soixante-dix florins ; et le
comte de Palm se montra une fois à la
Cour avec un habit qui avait coûté
quatre-vingt-dix mille guldens (*). Il
est ordinaire d'employer de trente à
quarante mille florins à la parure
d'une femme ; et quoique les jeux de
hasard soient défendus, on en joue
beaucoup d'autres où l'on peut perdre, en une seule séance, quinze ou
vingt mille florins ». Mais rien ne lui
avait éprouver le plaisir que lui causa
la musique de Vienne. C'est un des
arts pour lequel les Grands témoignent
le plus d'inclination. « Plusieurs d'entre
eux, écrivait-elle encore à madame de

____

(*) Gulde ou florin, est évalué de 2 fr.
à 2 fr. 50 cent.

La ville, ont des troupes de musiciens à leurs gages, et tous les concerts publics qu'on y trouve, prouvent l'estime infini qu'il ont pour cet art. On peut rassembler à Vienne quatre ou cinq orchestres, tous incomparables. Si le nombre des virtuoses est peu considérable, en revanche, l'orchestre est excellent. Milady y avait entendu trente ou quarante instrumens tellement d'accords, qu'elle croyait n'en entendre qu'un. Un seul coup d'archet mettait en jeu tous les violons, un seul souffle animait tous les instrumens à vent : elle était surprise de ne pas entendre, dans un opéra, non pas une dissonance, mais un coup d'archet précipité, une pause trop longue, un ton trop fort ».

De Vienne, la Duchesse prit le

chemin de la Pologne. Elle fit prévenir le prince Radzivil de son arrivée. Il faut lui entendre raconter, à elle-même, la fête que ce Seigneur lui donna à Berge, village situé dans le duché de ce Prince, à quarante mille de Riga.

« Ce que je vais vous écrire, ma chère Marquise, est si extraordinaire, qu'en le lisant vous croirez lire un conte de fée. Mais dussiez-vous me mettre dans la classe de tous les voyageurs, je ne puis vous faire grâce d'aucuns détails de cette fête, qui, je vous le répète, a quelque chose de romanesque digne de piquer votre curiosité.

» Arrivée à Berge, je trouvai un officier de la suite du Prince, chargé de me prévenir que son maître me dispensait de tout cérémonial, et qu'il se proposait de me rendre visite comme à une amie. Cette visite sans cérémonie se fit en effet le lendemain matin.

» Le Prince vint avec quarante voitures à six chevaux, dans lesquelles étaient ses nièces, avec nombre de femmes de condition de sa principauté. Six cents chevaux de main, une meute de mille chiens, des ours et une garde de hussards accompagnaient ce cortège.

» Une suite aussi nombreuse, dans un pays qui n'est environné que de forêts, donnait à cette entrevue un air de féerie dont la singularité fut encore augmentée par la manière dont le Prince me prouva son res-

pect et son attachement. Il me donna
deux fêtes : pour la première, il avait
fait bâtir un village qui consistait en
quarante maisons de bois, décorées de
feuillages, lesquelles formaient une
enceinte circulaire où l'on éleva trois
salles spacieuses ; la première pour le
Prince, la seconde pour sa suite, la
troisième pour le festin.

» En entrant dans le village pour
se rendre aux salles, on trouva toutes
les maisons fermées : les habitans pa-
raissaient s'être retirés pour aller
prendre du repos. Les plaisirs com-
mencèrent par un magnifique feu
d'artifice , sur une pièce d'eau où
deux navires se livrèrent ensuite un
combat simulé, auquel succéda un
repas somptueux servi en vaisselle
d'argent ».

La Duchesse était éblouie d'une si magnifique réception : elle se montra de la plus grande gaîté.

« Après le repas, le Prince me conduisit au village, dont les maisons ouvertes tout-à-coup, offrirent le spectacle de quarante boutiques élégamment décorées et garnies de meubles, d'étoffes et de bijoux. Le Prince fit un choix, et me présenta une topaze magnifique, des bagues, des tabatières, en un mot des bijoux de toute espèce.

» On regagna ensuite les salles, qui n'en formaient plus qu'une seule, et le prince Radzivil ouvrit le bal avec elle. Les danses finies, la compagnie quitta la salle du bal, qui parut en feu dans un instant. On avait disposé

des matières combustibles dans toutes
les parties du bâtiment, autour du-
que les habitans du village se mirent
à danser ».

Cette fête, dont la description est
tout-à-fait romanesque, sans être exa-
gérée, coûta au prince Radzivil, au
moins cent vingt mille livres, somme
effrayante pour un pays où toutes les
productions, hormis celles qui con-
cernent le luxe et le commerce, sont,
quant au prix, fort au-dessous du
médiocre. C'était encore peu pour se
Prince magnifique, il donna une seconde fête à Duchesse, dans une maison, à dix milles de sa résidence.
C'était une chasse aux ours aux
flambeaux. Un régiment de hussards,
des torches à la main, formait dans
la forêt un cercle au milieu duquel

étaient les chasseurs, également ar-
més de flambeau. L'ours, entouré de
feu, effrayé du tumulte, fut pour-
suivi et forcé selon l'usage.

Un grand nombre de seigneurs polonais furent de cette chasse. Pendant
quatorze jours que Milady passa chez
le prince Radzivil, elle dîna et coucha dans différens châteaux de ce
Magnat.

On rencontrait, tous les trois ou
quatre jours, un camp formé de sa
garde. Au sortir de sa résidence, elle
trouva toutes les routes illuminées.
Les gardes l'escortèrent; et à son arrivée dans les différentes villes du
duché de Sieswitz, les magistrats la
complimentèrent, et firent tirer le
canon.

Le prince Radzivil ne fut pas le seul

prince polonais qui honora le séjour de la belle Étrangère dans ce voyage ; tous s'empressèrent à lui offrir des hommages, et semblaient vouloir la fixer dans ces contrées. Mais, outre qu'il eût été difficile, avec un caractère tel que celui de Lady, d'y réussir, l'intérêt de ses affaires en Russie la forçait d'y retourner.

Elle n'y venait pas cette fois en femme qui voulait disputer aux dames de Catherine l'honneur de ses bonnes grâces : elle venait s'informer de l'état de ses possessions, et savoir si l'Anglais avait été meilleur dépositaire que l'Espagnol. Elle vit avec douleur qu'il n'était pas beaucoup plus honnête homme. Le fond des terres restait il est vrai ; mais les bois abattus, les chaudières, les alembics vendus, pas un meuble, un ustensile. Ils sont tous les mêmes, dit-elle, et se hâtant de vendre ses possessions qui ne lui avaient été d'aucune utilité, elle se disposait à quitter la Russie, dont la noblesse toutefois lui avait rendu des hommages faits pour la flatter. Mais parmi les fêtes que l'on s'empressait à lui offrir, rien ne lui fit autant de plaisir que la proposition qui lui fut faite par le comte Arlew, de venir voir la pêche de la baleine. La Duchesse, qui ne connaissait aucun danger, accepta avec reconnaissance. Pour faire sentir le péril attaché à cette expédition, je vais transcrire la description que l'on en trouva dans les papiers de la Duchesse, lors de sa mort.

« Le bâtiment le plus propre à cette

expédition , est un brick d'environ
cent cinquante tonneaux : on y joint
deux chaloupes pour la pêche; l'une
qui fait l'attaque , tandis que l'autre reste à portée , pour recueillir
les gens de la première, en cas de
désastre. Chaque barque a quatre
rameurs , outre le timonier avec le
harponneur. Ainsi , l'équipage du
vaisseau est toujours de treize hommes : le treizième reste à bord pendant l'action. Autrefois il étaient tous
Indiens, hors le maître ; aujourd'hui
il n'y en plus que cinq de cette nation. Au lieu d'avoir des gages, ils
partagent le profit avec le proprié-
taire, aux termes du traité, ce qui
les rend alertes et prudens. Ils n'ad-
mettent personne au-dessus de quarante ans, parce qu'à cet âge on n'a

plus assez de vigueur et d'agilité pour
le service. De dessus le tillac où j'étais
montée, et me tenant à une certaine
distance, je m'étonnais de ce que
parmi les hommes les plus robustes,
il en étaient d'assez déterminés pour
risquer une pareille aventure ». Elle
considérait alors l'énorme dispropor-
tion des assaillans et leur ennemi, la
fragilité du brick, l'inconstance des
vents, la perfidie de l'élément, etc.
En effet, quand on calcule exacte-
ment les proportions, on a suffisam-
ment de quoi s'étonner de l'audace
que des hommes osent montrer dans
un pareil genre de combat.

« Le premier soin, en entrant dans
les eaux où vit la baleine, est de
grimper au haut de la hune, pour y
rester en védette. Si on découvre quel-

que chose : *Pawna*, s'écrie la senti-
nelle, voici la proie. Si le *pawna* se
répète, en six minutes les barques
sont à l'eau, et se portent vers le
monstre plus vite que le vent. Le
harpon tient fortement à un câble
levé avec le plus grand soin, et lié
au bateau. Il règne le plus profond
silence; le succès roule désormais sur
le harponneur et le pilote, et tous les
yeux sont tournés sur eux. C'est alors
qu'ils ont besoin de toute expérience
pour aborder l'animal. Ordinairement
on fait halte à quinze pieds de lui, et
l'une des chaloupes reste sur ses ames,
prête à partir au besoin. Si c'est une
baleine d'une espèce dangereuse, le
plus sûr serait de fuir; mais l'ardeur
commune ne le souffre pas. Si le bonheur veut que ce soit une mère avec

son fan, ou bien même qu'elle dorme, alors le harponneur est debout sur l'avant, leste, léger, court-vêtu, et ayant en main l'arme terrible, faite de l'acier le plus fin. Il balance en l'air le croc, et ramassant tout ce qu'il a de forces, il le darde roide, et accroche sa proie.

» Le premier mouvement que la baleine fait sous la blessure est décisif aux yeux des connaisseurs. Quelquefois elle donne de furieux coups de queue ou de nageoires, dont elle fracasse la nacelle. Alors, sauve qui peut. Mais personne n'échapperait à sa fureur, si elle avait la mâchoire du goulu de mer, avec sa férocité. Plus souvent elle fait le plongeon, emportant la corde après elle, avec une telle violence que la barque fait feu par-tout où frotte le câble. Si elle

revient sur l'eau, avant qu'il soit entièrement filé, elle est jugé morte; le
sang qu'elle pérd l'a si fort affaiblie,
que si elle s'abîme encore, elle reparaît
bientôt, lassée d'avoir battu l'eau,
teinte de son sang, et elle expire sur
les flots; mais si elle n'est pas blessée
à mort, elle plonge et remonte tour-
à-tour avec la même vigueur. On a
beau la suivre de près, le câble est
bientôt au bout, et le poids du vaisseau ne sert qu'à accélérer sa course.
Tout alors est désespéré, la barque
étant à fleur d'eau. Cependant le harponneur, baissé sur la corde avec sa
hache, hésite encore, car l'animal
peut se ralentir soudain. Le fer est
levé, le coup va partir, le bras s'arrête tout court; mais l'eau entre de
toutes parts, la proue est submergée,
le

le câble enfin est coupé, et la nacelle renage.

» Si le monstre revient, on le harponne de nouveau ; il meurt, et on le tire jusqu'au vaisseau où les chaudières l'attendent pour le fondre ; on charpente sur le cadavre tout ce qu'il y a de lard, et on tire la graisse dans des barriques. Cependant comme cette opération est longue, et que le temps est précieux en mer, on se contente ordinairement de découper le corps et d'en mettre les pièces à fond de cale.

Le profit qu'on tire d'une baleine est énorme. On a vu une langue seule remplir jusqu'à soixante barriques d'huile ; mais il est rare que les pêcheurs ne partagent cette proie avec le goulu de mer, contre lequel on ne connaît pas même de défense, et qu'on

peut appeler le tigre de mer, par rapport à son extrême voracité ».

Enfin n'ayant plus rien qui nécessitât
la présence de la Duchesse dans la Russie ni pour ses intérêts, ni pour son plaisir elle la quitta pour revenir, disait-
elle, en France, goûter le bonheur et le
repos que sa patrie lui avait refusés.
Mais comment espérer jouir de l'un et
de l'autre avec une tête exaltée et un
cœur froid? Elle n'avait jamais connu
ni l'amour ni l'amitié ; car on ne con-
fondra point avec le premier, des
passions qui troublent la raison sans
toucher le cœur, ni avec la seconde,
des liaisons de plaisir ou d'intérêt.
Une seule personne avait eu des droits
à son attachement, Polli, la vertueuse
Polli la crut son amie et s'en vit dé-
laissée deux fois.

Mais enfin fatiguée de n'avoir personne où reposer son cœur, elle crut trouver dans madame la marquise de Laville un être capable de fixer cette mobilité de sentiment qui l'avait tant de fois replongée dans le vague du néant. Jamais elle n'avait pu faire un choix plus heureux.

Hortence du Coudrai avait été élevée à l'Enfant-Jésus. Cette maison, le modèle des institutions pour de jeunes personnes, qu'un homme de génie, inspiré par la religion avait érigé en ne lui donnant d'autre fonds que la Providence, et qui subsisterait encore si elle n'avait pas été entraînée par le torrent qui ne respecta rien, pas même l'asile de la vertu noble et indigente ; enfin cet établissement était dans toute sa glôire , lorsqu'Hortense du Coudrai y fut élevée. Elle n'en sortit que pour épouser le marquis de Laville qui avait préféré la beauté et la vertu aux richesses. Il avait une terre dans les environs de Calais où il amena sa compagne. Hortense avait été élevée par madame Lenth , supérieure de l'Enfant-Jésus , que toutes ses élèves aimaient avec une tendresse filiale. Madame Lenth était des Isles britanniques : ce qui avait donné à Hortense , une affection particulière pour les Anglaises à qui tout le monde accorde des qualités précieuses. M. de Laville recevait à sa terre les belles insulaires qui passaient à Calais pour se rendre à Paris. Sa femme avait des relations constantes avec Londres. Quand la Duchesse partit pour Calais

après son procès, milady de Newcastle lui donna une lettre pour madame de Laville où elle faisait l'éloge
de la Duchesse. Madame de Laville
la reçut avec distinction et se lia assez
intimement avec elle. Ce fut alors
qu'Hortense jugea que Lady ne pouvait être heureuse tant qu'elle ne re-
noncerait pas à ses folles prodigalités,
à ses caprices, pour suivre enfin un
plan de vie où la vertu et la raison
marcheraient de concert. Mais pour y
réussir il fallait lui donner le goût de
la bienfaisance dont elle n'avait senti
qu'un instant l'attrait à Minorque ; et
comment y réussir ? Comment ramener sur le tableau de la misère les yeux
de Lady, qui ne se portent que sur
les objets du luxe le plus somptueux ?
Comment lui persuader d'aller trou-

ver sous le chaume, la vertu mourante de faim, couverte de lambeaux? Pour y parvenir elle composa et fit imprimer l'histoire malheureuse d'une famille de son voisinage qu'une suite d'infortunes presqu'impossibles à imaginer, avait plongée dans la dernière misère, qu'elle supportait avec un courage, une résignation parfaite. Madame de Laville avait infiniment d'esprit, sa narration était pleine de sensibilité, de grâces.

La Duchesse étant chez son amie, voit cette brochure, y jette un coup d'œil, lit les premières pages, et, contre son usage, continue à lire. Madame de Laville, examinait avec soin l'impression qu'elle éprouvait. Elle vit ses yeux se remplir de larmes; et bientôt elles tombèrent sur ses joues.

Alors, Lady jettant le livre, dit : Je suis bien folle de verser des pleurs sur des aventures romanesques, et qui n'ont aucun fondement. Je vous assure du contraire, reprit son amie : il n'y a rien d'inventé; tout est vrai. — Cela n'est pas possible : comment résister à tant de malheurs! On voit bien que ce sont des Français. — Le père est Français, mais la mère est Anglaise. — Anglaise! Et elle n'a aucuns secours de ses parens? — Aucuns. — Je serais curieuse de la voir, comme compatriote. Vous nommez la femme?—Eugénie Barkle, — Raison de plus; j'ai beaucoup connu sa mère : elle était l'amie de mon enfance. Mais est-il possible que Polli abandonne sa fille? — Vous voyez qu'elle ne veut pas même recevoir ses lettres : et voilà l'effet de l'intolérance. Vous avez dû remarquer qu'Eugénie, entraînée par l'amour, et éclairée par les instructions de l'oncle de M. de Valsac, aumônier de l'ambassadeur de France, abjura pour épouser Henri. De ce moment, vous avez vu aussi la haine que son père et sa mère lui vouèrent; les terribles effets qu'elle eut. Mais il faut connaître l'intérieur de la famille de Valsac, pour juger jusqu'à quel point on peut souffrir.

Le mari le plus aimable des hommes s'est trouvé tout-à-coup attaqué d'un rhumatisme qui l'a rendu perclus des jambes et des bras. Il a été forcé de donner sa démission. Sa femme..... Mais puisque vous voulez aller chez eux, il est inutile d'entrer dans des détails. Hélas! vous ne verrez que trop

la

la situation cruelle où ils ont été réduits. Mais comme l'amour-propre est ce qui meurt le dernier chez les hommes; qu'il brave la misère la plus profonde; qu'il perce à travers des lambeaux dont le pauvre se couvre, je ne crois pas devoir vous conduire chez Eugénie, sans l'en avoir prévenue; laissez-moi donc jusqu'à ce soir. Madame de Laville avait déjà remarqué que les obstacles enflammaient le désir chez la Duchesse. Aussi son intention était de se faire presser pour la conduire chez madame de Valsac. Toutefois, espérant beaucoup de l'intérêt que la Duchesse avait marqué pour Eugénie, elle alla, aussitôt que Lady fut sortie de chez elle, trouver madame de Valsac. Elle logeait avec

Tome IV.   8

son mari, sa fille, qu'elle avait nommé Polli, en souvenir de sa mère, et Richard son fils, dans une seule chambre, auprès de la citadelle, qui avait au moins l'avantage d'avoir la vue de la mer, souvent moins agitée que le cœur de la pauvre Eugénie, partagé entre tous les sentimens qui honorent la nature, et dont aucuns ne pouvaient la rendre heureuse. Ses parens la rejetaient de leur sein, elle qu'ils avaient tant aimée ; elle qui leur conserve une tendresse respèctueuse. Son époux qu'elle a idolâtré , qu'elle aime encore de cette amitié née de l'amour, est dans une situation si douloureuse qu'elle ne peut le voir, penser à lui sans une profonde tristesse. Ses enfans sont charmans ; mais quelle est la mère dont le cœur ne

soit pas brisé en entendant ses fils demander le pain qu'elle ne peut leur
donner! Un auteur de nos jours a dit,
il faut être mère pour savoir l'impression que fait éprouver ce mot qui
paraît si simple en lui-même, *du
pain*. Hélas! sans la tendre compassion de madame de Laville, combien
de fois Polli et Richard l'eussent ré-
pété inutilement! Mais madame de Laville n'était pas riche, elle avait beaucoup d'enfans, et son mari s'était
chargé de ceux de son frère, tué à
l'armée. Il était donc impossible qu'elle
pût fournir à tous les besoins de la
famille de madame de Valsac. C'é-
tait ce qui l'avait déterminée à la
choisir comme le premier objet qui
devait ouvrir le cœur de la Duchesse
aux jouissances de la bienfaisance:

elle avait tout à espérer du succès lorsqu'elle arriva chez Eugénie. Elle y arrivait toujours seule, laissant son carrosse et ses gens au bas de la rue: et ce qui prouve à quel point madame de Laville était respectée de tous ceux qui la connaissaient, il n'y avait personne qui osât penser que ce mystère cachât une intrigue. Tous en la voyant monter cette rue, assez roide et mal pavée, se disaient : là est une infortunée à laquelle cet ange va porter des secours ; mais on ignorait quels étaient ceux qu'elle allait voir. Car depuis que madame de Valsac était tombée dans la misère, on ne l'avait jamais vue dans la ville ; on était même persuadé qu'elle l'avait quittée pour se retirer à la campagne, Une vieille femme allait lui acheter ce qu'elle pouvait se procurer et le lui apportait, elle ne la connaissait que sous le nom de madame Leblond. Quand M. de Valsac avait des re-doublemens de douleurs, la vieille allait chercher M. Baeson, médecin, dont l'humanité était connue et qui donnait aux pauvres les soins les plus touchans. Il ne connaissait point M. de Valsac, mais sa patience, son courage l'intéressaient, et souvent il lui arriva de laisser un louis sur la cheminée , lorsqu'il ordonnait des drogues, qu'il voyait facilement être beaucoup trop chères pour son malade. Alors, quand Eugénie s'en apercevait , elle envoyait Richard courir après lui, mais il soutenait qu'il ne savait ce qu'on voulait dire, qu'il n'avait point d'or sur lui, et il

fallait bien qu'Eugénie gardât cet argent, dont elle tenait un compte
exact, se flattant que peut-être un
jour elle serait en état de le lui rendre. Telle était l'existence de madame
de Valsac quand la Marquise vint
lui apprendre que la duchesse de
Kingston désirait la voir. Hélas! il y
a long-temps que je sais qu'elle est
à Calais, mais je n'avais jamais pensé
qu'elle pût se souvenir de moi, elle
qui a rompu avec ma mère et a
trompé son amitié en méprisant ses
conseils. J'en ai toujours entendu
parler à mistriss Barkle comme d'une
femme peu estimable. — Je crois
qu'avec moins de beauté et de fortune
elle eût bien mieux valu ; mais je ne
désespère pas de la rendre digne d'a-
voir des amis vertueux. Elle cherche

un bonheur qui la fuit : tâchons qu'elle le trouve dans l'exercice de la plus douce des vertus, la bienfaisance ; elle ne la connaît pas encore, mille idées me semblent tenir à mon plan ; elle peut, sans que vous en rougissiez, être utile à vos enfans. Ce n'est pas pour vous une étrangère ; Mistriss votre mère n'est-elle pas fille de celle qui a formé ses jeunes années ? N'a-t-elle pas été la compagne de son enfance ? Ne serait-ce pas un crime de sa part, sachant votre position, de ne pas venir à votre secours avec la fortune qu'elle possède ? Mais ce n'est pas un secours passager que je veux qu'elle vous donne ; il faut plus encore, il faut qu'elle vous aide à regagner l'amour de Mistriss Barkle. — Ah ! mon amie, si cela était possible je mourrais contente ; car je sais bien que mes longs chagrins ont anéanti mon existence. — Vous retrouveriez bientôt la santé si vous étiez reconciliée avec votre mère, et que le sort de vos enfans fût assuré. — Cela ne sera jamais. — Commencez par recevoir Lady et le reste ira de suite. — Il faut que je prévienne M. de Valsac.

On eut toutes les peines du monde à le faire consentir à laisser venir la Duchesse, et même ce ne fut qu'avec la promesse qu'il resterait dans son lit, dont il ne pouvait pas sortir, mais entièrement enfermé dans un paravent, qu'il pria madame de Laville d'envoyer à sa femme; que les enfans seraient auprès de lui et qu'il n'y aurait que madame de Valsac qui pa-

raîtrait. Madame de Laville se prêta
à tous les désirs de M. de Valsac,
rentra chez elle , envoya un paravent comme il était convenu et se
rendit chez la Duchesse. Celle-ci prit
de l'or et monta dans la voiture de
madame de Valsac. Ces dames arri-
vèrent à la porte d'Eugénie qui les
attendait. Elle reconnut aussitôt la
Duchesse, car elle était toujours belle.
Elizabeth fut enchantée de la voir et
ne vit qu'elle. Ni le dénuement de la
chambre où elle la recevait, ni la
pauvreté des vêtemens de madame
de Valsac ne l'occupèrent ; elle ne
vit que cette bonne petite Eugénie.
Elle lui rappela les traits de Polli, qui
lui avait été chère ; elle se souvint du
plaisir qu'elle avait eu chez ses parens.
Je veux vous raccommoder, dit-elle,

avec eux ; c'est affreux de vous laisser dans cette situation, parce que vous avez changé de religion. Cela est tout simple ; on est toujours de celle de l'objet qui nous est cher : et je ne conçois pas que Polli ait mis à cela une roideur qui ne devait pas être dans son caractère ; je ferai tout pour la ramener à des sentimens plus humains. Mais dites-moi, mon enfant, et M. de Valsac, sa santé est donc meilleure ; où est-il ? — Il n'est pas ici. — Et vos enfans ? — Ils sont avec leur père. — J'aurais été bien aise de les voir. — Ils auront cet honneur un autre jour, à ce que j'espère. Richard qui venait d'avoir six ans, avait eu bien de la peine à se tenir tranquille depuis l'instant où la Duchesse était venue chez sa mère ; lorsque tout-à-

coup oubliant la défense qu'on lui
avait faite de remuer, il saute de
dessus le lit de son père où on l'avait
assis, et en sautant il poussa le paravent qui vint tomber près de Lady.
Elle ne sait d'abord ce qui arrive,
mais en même temps son cœur est
brisé par le tableau qui se présente à
ses regards. M. de Valsac en proie
aux plus vives douleurs, paraît
plutôt un spectre qu'une créature vi-
vante. Ses enfans, maigres, déchar-
nés, sont à peine vêtus, et tout,
jusqu'au lit où l'infortuné étend ses
membres souffrans, peint une si
grande misère, que Lady s'écria :
Non, non, mes amis, vous ne res-
terez pas ici; venez sans perdre un
instant à l'hôtel de Kingston; mais
vous ne le pouvez pas dans l'état

où vous êtes. Attendez - moi, une demi-heure suffit. Ma chère Marquise, je vous quitte et reviendrai bientôt.

Elle revint en effet avec des habillemens convenables; une robe de chambre pour le malade, une chaise à porteur, un infirmier pour l'y placer, et qui doit lui rester attaché jusqu'à son rétablissement. On ne comprend pas comment la Duchesse avait pu en si peu de temps réunir tout ce qui était nécessaire pour transporter M. de Valsac et sa famille chez elle. Le paravent qui avait été relevé servit de cabinet de toilette. Quand le père, la mère et les enfans furent habillés, on parvint, non sans beaucoup de peine, à descendre Henri, et les porteurs eurent ordre de suivre la voiture, où mesdames de Laville, Kingston, de Valsac et les deux enfans montèrent. Ils trouvèrent un appartement au rez-de-chaussée, un très-beau jardin, et dans ce logement, tout ce qui pouvait être commode à un malade, jusqu'à un fauteuil à ressorts, où, par le moyen d'une manivelle très-facile à faire mouvoir, M. de Valsac pouvait se transporter d'un lieu à un autre, sans éprouver la moindre fatigue.

Tant de soins, d'attention, prouvaient que Lady avait mis son ame entière dans tout ce qu'elle avait fait pour les enfans de Polly. Elle avait envoyé chercher M. Baeson, qui fut un peu étonné de trouver son malade dans un superbe hôtel, occupant un appartement charmant. Il apprit bientôt le nœud de l'énigme; et lorsque la Duchesse lui dit : il faut, Docteur, trouver le moyen de guérir M. de Valsac.—Il ne sera pas difficile, Madame; avec de la fortune, il est rare qu'on ne parvienne pas à réparer les ravages de la maladie. Je suis sûr par exemple que les bains de Saint-Amaud le soulageraient infiniment; mais comment les ordonner à quelqu'un qui n'avait rien sous le soleil. Est-ce que je savais que vous aviez des relations si intimes avec madame la Duchesse? Je vous aurais bien dit, venez chez elle, et nous vous guérirons.

Madame de Kingston, qui était charmée d'Eugénie et de sa famille, pria sur-le-champ le Docteur de tout faire préparer pour que son malade allât aux eaux. Elle avait grande envie de garder sa femme, mais elle vit que c'était impossible; elle la laissa donc partir. Tout occupée de la rendre au bonheur, elle avait déjà formé le projet de passer la mer, malgré le danger qu'elle pouvait courir en entrant en Angleterre; mais elle voulait essayer de ramener Polli et son époux. Elle voulait leur peindre l'état où elle avait trouvé leurs enfans, les faire rougir de leur dûreté, et les amener à se réconcilier avec elle.

A peine la famille Valsac fut-elle partie, que Lady prit un pake-boot et se rendit à Plymouth. L'on se rappelle que la maison de M. Barkle était peu éloignée de ce port.

Lady monte à cheval et arrive au moment où madame Barkle sortait de chez elle donnant le bras à son fils aîné et suivie du second. Elle paraissait triste et souffrante. Dès que la Duchesse l'aperçoit, elle met pied à terre, et va à sa rencontre. Quoi! c'est vous, Milady? Qui aurait cru que jamais vous fussiez revenue dans votre patrie. — Je n'y reviens que pour vous, Polli. — Pour moi, Milady; et voilà bien des années que je n'ai pas reçu de vous le moindre signe de vie. — Cela est vrai; j'ai eu tort, je veux le réparer. Faites ma paix avec sir Barkle. Il est des momens dans la vie où l'on cherche ce qui peut nous y rattacher. Un fond d'ennui et de chagrin nous rend avides de tout ce qui peut faire diversion à

la

la peine secrète qui nous dévore. Tel fut pour Mistriss l'arrivée de Lady : elle ne l'aimait plus, mais elle l'avait aimée. Elle venait d'une ville où était sa fille qui, malgré la rigueur que Polli avait envers elle, lui était bien chère. Elle oserait lui en parler, savoir d'elle si réellement Eugénie est malheureuse du côté de la fortune, si M. de Valsac l'aime toujours, si ses petits enfans sont beaux et bien élevés, enfin mille détails qui prouvaient qu'elle gardait à sa fille un intérêt sincère, et que mieux instruite de sa situation, elle se serait conduite fort différemment.

Sir Barkle voyant entrer sa femme avec Lady, ne pouvait en croire ses yeux. — C'est moi, mon cher; vous me croyez bien tranquillement à Ca-

lais, eh! bien, vous vous trompez;
me voilà en Angleterre pour peu
de jours, il est vrai, mais je compte
bien ne pas m'en retourner seule.
Mais à propos, Mistriss, j'ai apporté
un roman français qu'il faut que vous
lisiez, il vous intéressera. Je l'ai lu
tout entier, et c'est beaucoup pour
moi, qui ne peux souffrir ce genre
de lecture : et Polli ajouta, en parlant entre ses dents, ni aucune autre.
— Oui, j'en conviens, mais lisez mon
roman. — Cela n'est pas pressé. —
Je vous assure que je ne vous laisserai
pas de repos que vous ne l'ayez lu,
et elle répétait sans cesse la même
chose.

Dès les premières pages, Mistriss
fut troublée et crut reconnaître Eugénie dans l'héroïne ; mais quand tout

lui persuada que c'était réellement
l'histoire de sa fille dont les malheurs
allaient toujours croissans, elle pleura
amèrement ; puis se jetant dans les bras
de Milady , elle lui dit : serait-il vrai
que ma pauvre Eugénie soit dans
cette situation ! car je vois bien que
c'est elle qui est peinte dans cet ouvrage. Rien d'aussi vrai , reprit madame de Kingston, et sa situation a
encore été plus affreuse que vous ne
la voyez. Je l'ai vue de mes propres
yeux. Alors Lady, avec le feu du génie , trace à M. et à madame Barkle
les maux que sa fille a soufferts , et
voilà , lui dit-elle , ce que vous eussiez
pu empêcher, ce que vous avez voulu,
par votre entêtement pour des opi-
nions religieuses que rien ne vous
assure être meilleures que les siennes,

et qui, fussiez-vous sûre de leur su-
périorité, ne devraient pas vous empêcher de donner à votre fille tous
les secours dont elle peut avoir besoin.
Vous rappelez-vous, Polli, combien
vous m'avez reproché de n'avoir pas
nourri mon fils; combien ne m'avez-
vous pas dit que par cette négligence
j'avais été cause de sa mort? Est-elle
donc comparable avec votre dureté
envers votre fille ? J'avais, en confiant
mon fils à une nourrice, suivi un
usage presque général. Mais vous,
que faites-vous ? Croyez-vous appartenir à ces êtres dénués de raison,
qui ne suivent que leur instinct dans
leurs soins pour leurs petits qu'ils
abandonnent ensuite, lorsqu'ils peuvent se passer d'eux. Mais les ani-
maux n'ont point, comme l'homme,

des relations sociales que les parens
ne peuvent rompre avec leurs enfans
sans entraîner de grands malheurs,
et vous en voyez la preuve dans votre
pauvre Eugénie .— Nous n'en savions
rien, je vous jure ! — Si vous ne lui
aviez pas renvoyé ses lettres, elles vous
eussent appris sa déplorable situation.
— Mais que faut-il faire ? —Lui rendre votre tendresse, la partager entre
elle et son mari, le plus digne des
hommes, aimer ses enfans qui sont
les vôtres. — Mais pensez donc qu'elle
a épousé un Français catholique. —
Elle a épousé un gentilhomme plein
d'honneur et qu'elle aimait ; elle l'a
épousé avec votre consentement, vous
le lui avez donné, osez dire le contraire. — Cela est vrai ; mais en lui
disant que nous ne la reverrions pas,

et qu'elle n'avait rien à prétendre sur notre fortune. — A-t-elle dû penser que vous ne révoqueriez pas cet arrêt barbare ! que n'a-t-elle pas fait pour vous fléchir, sans pouvoir y réussir ? Tous les malheurs sont tombés sur sa tête. Son mari a été ruiné par un procès injuste ; il ne lui est pas même resté la ressource de suivre son état : ne ferez-vous donc rien pour eux ? Polli regardait son mari et lui-même semblait hésiter. — Allons, mes amis, pas de fausse honte, il n'y en a qu'à faire le mal et à ne jamais le réparer. — Eh bien ! dit M. Barkle, dictez vous-même notre conduite. — Il faut que Polli vienne avec moi à Calais, qu'elle y voie sa fille, son gendre, ses petits enfans ; qu'un de ses fils l'accompagne. Ce sera moi, dit Alfred ; j'ai tant de

désir de voir ma chère Eugénie. —
Bien, bon jeune homme, le ciel bé-
nira votre sensibilité. Quant à ce que
vous croirez devoir faire pour l'article
de la fortune, ce n'est point à moi à
vous le prescrire; vous savez très-
bien ce que la justice exige des parens
pour l'égalité envers les enfans. M. Barkle dit : elle aura les dix mille livres
sterlings que j'avais destinées pour sa
dot, et qui sont restées en billets de
l'Echiquier dans un portefeuille séparé. Ah! dit Polli, permettez-vous,
sir Barkle, que j'aille le lui porter.
—Je ne m'y oppose point, partez
avec Alfred; quand vous serez de retour, j'irai à Calais avec mon fils aîné.
—Je gagnerai beaucoup, dit Lady, à
cet arrangement; car vos enfans étant
à présent chez moi, j'espère que vous

ne chercherez point d'autre logement.
Et elle leur raconta tout ce qui s'était
passé depuis qu'elle avait su par madame la marquise de Laville la position d'Eugénie. Le paravent ne fut
point oublié. Elle ajouta : ils sont à
Saint-Amand pour le moment ; mais
nous irons les y trouver. Les prépa-
ratifs du départ ne furent pas longs.
Polli, chargée de la bénédiction du
père d'Eugénie et du portefeuille qui
contenait sa dot, partit avec Lady.

Celle-ci, depuis qu'elle s'était occupée de la famille de Valsac, n'avait pas
éprouvé un moment d'ennui, et elle se
disait : serait-ce là où gît le bonheur, je
le croirais assez ; car je n'ai jamais été
aussi heureuse que je le suis en ce moment. Je ne dépeindrai pas la joie
d'Eugénie quand elle aperçut sa mère

avec

avec la Duchesse. Elle tomba éva-
nouie dans ses bras. Ses enfans qui ne
connaissaient pas leur aïeule, mais
qui se doutaient que ce pouvait être
elle, se serraient contre elle. Lorsque
madame de Valsac eût repris ses sens,
elle exprima à sa mère et à Lady sa
reconnaissance et sa joie. Elle en avait
aussi une bien sincère d'embrasser son
frère, l'aimable Alfred. Elle était
d'autant plus heureuse que les bains
de Saint-Amand avaient fait un effet
miraculeux. Henri commençait à se
soutenir sur ses jambes, et à marcher
quelques pas à l'aide d'une canne. Il
avait recouvré presqu'entièrement l'u-
sage d'un bras, et il ne souffrait presque plus. Il était dans le bain quand
sa belle-mère arriva.

Eugénie alla lui faire part du bon.

heur qu'elle avait de revoir sa mère;
et dès qu'il fut remis dans son lit, il
supplia madame Barkle de venir le
voir: elle se rendit à ses prières avec
le plus grand plaisir. Elle n'avait point
parlé à sa fille de ce qu'elle lui apportait ; mais en entrant dans la chambre
de M. de Valsac, elle lui dit avec
beaucoup de grâces : lors de votre mariage , mon cher fils , nous nous sommes souvenus que nous avions oublié
de vous compter la dot de votre femme , je vous l'apporte : et elle lui remit
le portefeuille qui la contenait. C'était
trop de biens à-la-fois , et c'était à Milady qu'ils les devaient. Ils lui jurèrent
un attachement éternel. Mais Milady
en devait encore plus à madame de
Laville, qui avait allumé en elle le
désir du bonheur de nos semblables,

qui ne cessa de l'animer depuis ce moment jusqu'à la mort. La ville de Calais et les environs en ressentirent cons-
tamment les effets, et sa mémoire y
est encore en bénédiction. Elle laissa
Polli et ses enfans à Saint-Amand, et
vint les attendre à Calais, où elle désirait revoir madame de Laville, et
lui raconter le succès de son voyage.
D'ailleurs elle voulait préparer une
fête pour le retour de ses amis. Elle
avait bien recommandé à Alfred de lui
mander quand ils arriveraient à Calais ; elle en fut avertie comme elle
l'avait désiré, et elle fut au-devant
d'eux à plus de deux milles. Des jeunes filles vêtues de blanc qu'elle avait
fait conduire en voiture, descendirent aussitôt que l'on aperçut la voiture de madame de Laville qui avait

été les rejoindre. Une musique excellente les précédait. M. et madame de
Valsac descendirent aussitôt de voiture
et furent entourés par ces aimables
jeunes personnes qui leur adressèrent
les complimens les plus flatteurs, et
offrirent à Eugénie et à ses enfans, des
corbeilles pleines de tout ce qu'on peut
imaginer de plus agréable. Ce n'étaient
plus les dons de la bienfaisance offerts
à la pauvreté ; c'était une amie qui
se plaisait à deviner ce qui plaît à son
amie pour lui en faire hommage. Eugénie en sentit bien la différence, et
en sut un gré infini à la Duchesse.
L'entrée à Calais de cette famille na-
guères si dénuée, si obscure, était
une espèce de triomphe ; tout le monde
voulait voir celle qui avait échappé au
malheur d'une manière aussi miracu-

leuse. Eugénie était encore jeune et belle , son époux avait été un des plus beaux hommes que l'on pût voir ; leurs enfans leur ressemblaient. Ils inspiraient un grand intérêt, et chacun prit part à la fête qui se célébrait pour eux; d'ailleurs la Duchesse avait trouvé le moyen de stimuler cet intérêt en y faisant participer tous les habitans de Calais. Elle avait fait magnifiquement décorer trois salles ; dans chacune se trouva chaque classe des habitans, et enfin la dernière de toutes que sa misère avait empêché d'y paraître, reçurent chez eux de quoi souper abondamment. On assure que madame de Kingston se livra elle-même à ces détails , et que personne ne fut oublié.

M. de Valsac, dont la santé était infiniment meilleure , s'occupa peu de temps après de placer la dot de sa femme en achetant une terre près de Calais, où il eut le plaisir à son tour de recevoir celle à qui il devait tout son bonheur.

Cet heureux essai de bienfaisance fixa pour jamais l'humeur inconstante de madame de Kingston, et elle en fit un usage continuel. C'était peu encore : elle était destinée à montrer un grand exemple, et à faire voir à l'Europe que le précepte de l'amour des ennemis n'est pas impraticable comme beaucoup de personnes le prétendent. Il y avait quelques années que madame de Kingston demeurait à Calais où elle était chérie et respectée. On se rappelle Evelyn Meadows que le testament du Duc privait de sa succession, et les efforts qu'il fit pour arracher à Milady

cette fortune, en lui intentant un procès criminel dont l'issue la força à s'é-
loigner pour jamais de sa patrie. Qui
pouvait au jugement de presque tous
les hommes être plus capable de faire
naître des sentimens de haine que
l'acharnement avec lequel cet avide
héritier la poursuivit ? Cependant la
Duchesse n'en donna aucune marque.
Elle s'éloigna d'Angleterre ; mais elle
ne parut pas se souvenir qu'elle y eût
laissé des ennemis, et eux semblèrent
l'avoir oubliée. Evelyn vint aussi en
France, et malgré qu'il n'eût rien à
prétendre des grands biens de son
oncle, et que son goût pour la prodi-
galité eût presque absorbé sa propre
fortune avant qu'il quittât l'Angleterre,
il n'en prit pas moins un grand état
à Metz, où il avait fixé sa résidence.

Il s'y soutint d'abord à l'aide du crédit que son nom lui procura, puis
par les emprunts qu'il fit et qui s'éle-
vèrent à la somme de cent vingt mille
livres de notre monnaie. Le créancier
n'ayant pas été satisfait aux époques
convenues, le poursuivit, fit saisir ses
meubles, sa voiture, et les fournis-
seur s'étant joints à lui, ils allaient
faire arrêter M. Meadows, qui peut-
être l'eût désiré à cet instant, n'ayant
plus aucuns moyens ni de vivre en
France, ni de repasser en Angleterre.
Il languissait dans la misère, lorsqu'une personne connaissant les mauvais procédés qu'il avait eu pour la
Duchesse, se trouva par hasard aller
de Metz à Calais, et vint chez Lady,
où elle ne crut pouvoir mieux faire sa
cour à cette dame qu'en lui appre-

nant les infortunes de son persécuteur. Mais cette femme, en qui l'exercice constant des vertus depuis son séjour en France, avait développé des qualités précieuses, et sur-tout une grandeur d'ame peu commune, dit à cet homme : depuis long-temps *j'ai pardonné à mes ennemis , et la compassion est le seul sentiment que je puisse avoir pour eux. Ecrivez promptement à M. Meadows , dites lui que je ne suis plus que son amie , et que je vais travailler efficacement à soulager ses peines,*

Il y avait sept à huit jours qu'Elizabeth était assez sérieusement incommodée. Cependant elle oublie ses maux comme elle oubliait ses ressentimens, et ayant donné ordre qu'on mît des chevaux de poste à sa voiture, elle alla chez madame de Laville qui demeurait près de son hôtel. La Marquise était parente du ministre de Paris. Elle la pria de lui donner une lettre pour M. A . . . et lui en explique le sujet. Ah! s'écria la Marquise, vous nous surpassez en vertus, ma chère Lady, comme votre beauté nous effaçait autrefois; il est de votre destinée d'être une femme extraordinaire en tout.— Je ne vois rien que de très-simple dans tout ceci; vous m'avez appris qu'il est si doux de faire du bien, que c'est à présent mon souverain plaisir, et je vous assure que je n'y ai aucun mérite. On vint l'avertir que les chevaux étaient mis, et Lady partit aussitôt pour Versailles. Le ministre accorda sur-le-champ à sa demande, un sauf-conduit pour M. Mea-

dows, qu'elle lui envoya par son secrétaire. M. Meadows venait de recevoir la lettre de Calais qu'il n'avait
regardée que comme un froid persi-
flage : il ne pouvait se persuader que
celle qu'il avait voulu déshonorer et
ruiner, pût avoir la générosité de venir à son secours, lorsque ses prétendus amis l'abandonnaient; mais quand
il vit le secrétaire de la Duchesse avec
une lettre d'elle et un sauf-conduit,
il ne douta plus de ce qu'elle voulait
bien faire pour lui. Son imagination
néanmoins ne lui peignait encore que
bien faiblement tout ce qu'il allait devoir à sa bienfaisance.

Elle avait donné des ordres pour
traiter avec les créanciers, afin de ne
payer que ce qui était réellement dû.
Tout fut bientôt réglé, et M. Leblond,

c'était le nom du secrétaire, engagea M. Meadows à venir à Paris où Lady était encore. Il accepta avec grand plaisir, étant fortement empressé de marquer sa reconnaissance à la Duchesse. Elle le reçut dans une charmante maison de campagne à quatre lieues de Paris. M. Meadows en voyant Lady, ne put se défendre d'un sentiment de regret si vif de l'avoir persécutée, qu'il lui arracha des larmes. La Duchesse l'accueillit avec affabilité, et l'engagea à se mettre à table pour souper. Il trouva sous sa serviette le contrat d'acquisition de la maison, celui d'une rente viagère de trente mille livres tournois, dont il a joui jusqu'aux derniers troubles de la France. Les expressions manquèrent à Evelyn pour témoigner à la Duchesse toute sa sensibilité. Elle l'en dispensa et partit en sortant de table pour Calais, où ses amis l'attendaient avec empressement. Elle trouva Polli en arrivant chez elle. Elle venait voir sa fille et ses petits-enfans. Celle-ci n'apprit point la conduite de Lady avec son ennemi, sans en être pénétrée d'admiration; et comme elle causait quelques jours après avec mesdames de Laville et de Valsac, cette dernière dit : Voilà comme elle est. Le bien qu'elle fait ici est immense. Croiriez-vous que tous les ans, elle donne tant dans la ville qu'aux environs jusqu'à quarante mille livres sterlings. Aussi, on disait il y a quelque temps, qu'elle voulait retourner en Angleterre, c'était une désolation; il semblait que le peuple allait perdre

sa mère. Mais, ajouta mistriss Barkle,
je ne crois pas que cela lui arrive, elle
ne nous aime pas assez pour cela, et
tirant un papier de son sac à ouvrage,
voici des réflexions qu'elle avait écrites
il y a quelque temps, et qu'elle m'a
communiquées en arrivant.

Note originale de la main de
Madame de Kingston.

« Il est une île située au nord de
l'Europe, fameuse par la liberté de
penser, de parler et d'agir dont jouis-
sent ses habitans;

» Où la façon de s'habiller, faisant
tous les jours de merveilleux progrès
dans l'invention des modes, est par-
venue au comble du ridicule;

» Où, parmi les femmes du premier rang, celle-là se croit la plus distinguée qui peut approcher le plus de la malpropreté de sa femme-de-chambre, ou bien, sous un habit de campagne, ressembler de loin à un voleur de grand chemin qui vient hardiment vous demander la bourse;

» Où les jeunes beautés, oubliant la douceur et la délicatesse qui sont l'apanage de leur sexe, prétendent imiter les amazones, prennent les armes et n'attaquent que les jeunes gens qu'elles sont assurées de battre;

» Où les caillettes se donnent de fréquens rendez-vous à l'église pour se communiquer les calomnies du jour;

» Où le sexe qui affiche la dévotion, sait allier merveilleusement la broderie et les bijoux avec les expressions de vile créature, de misérables pécheresse ;

» Où, loin de dire avec l'apôtre, etc. que la piété est un véritable profit, on renverse la phrase, en disant, que le profit est la véritable piété ;

» Où le faquin du bel air, et le scélérat à la mode sont fêtés, tandis que le mérite modeste est mis à l'é-cart ;

» Où, faire un affront et soutenir son insolence à la pointe de l'épée, c'est avoir du courage et de l'honneur ;

» Où, c'est jouer le plus beau rôle parmi la noblesse, que de n'avoir point d'entrailles, d'insulter au malheur d'autrui, et de prendre le respect de la religion pour de la poltronnerie ;

» Où l'on bâtit des palais d'une telle magnificence, que lorsqu'ils sont finis,

finis, il n'y a plus d'argent pour allumer le feu à la cuisine;

» Où souvent les chevaux sont
mieux logés que leurs maîtres;

» Où les matelots invalides sont
magnifiquement renfermés dans un
édifice royal dont l'architecture a été
faite aux dépens de leur nourriture,
tandis que le monarque habite un bâtiment de pièces rapportées;

» Où, pour dîner chez un homme,
il faut payer aux domestiques trois
fois plus que le dîner ne vaut, et se
croire encore fort redevable au maître;

» Où l'on a découvert que le nez
était un organe beaucoup plus convenable à la parole que la bouche;

» Où le cou penché est la posture
la plus décente;

» Où les hommes les plus intime-

Tome IV.   11

ment liés, sont les plus cruels ennemis, et cherchent à se nuire en pro-
portion de l'intérêt qu'ils y trouvent ;

» Où les proverbes inventés pour
ridiculiser les vertus sont devenus des
règles de conduite, tels que ceux-ci :
fermer l'écurie quand le cheval est
volé, arriver le lendemain de la foire,
etc. etc. ;

» Où, si l'état a besoin d'un ministre, si un seigneur veut un secrétaire, s'il faut un pilote pour un vaisseau, etc., on cherche moins celui qui
convient le mieux à l'emploi, que celui à qui l'emploi convient le mieux ;

» Où un homme qui a dissipé sa
fortune et ruiné ses créanciers, lorsqu'il n'ose plus se montrer, est envoyé
pour remplir un poste important dans
une province éloignée ;

» Où, lorsqu'il se commet un crime atroce contre la nation, les juges font si bien qu'il demeure impuni ;

» Où la puissance et le crédit s'arrogent le droit de changer la nature des choses. Où, l'art de flatter est celui de réussir, et le secret de faire des dupes est le moyen d'avoir des protecteurs ;

» Où l'on insulte et l'on attaque son ennemi sans se précautionner contre son ressentiment ;

» Où être le singe perpétuel d'un peuple voisin, cultiver la langue, y porter son argent, en rapporter toutes les modes, y prendre des cuisiniers, des perruquiers et des valets-de-chambre ; enfin tous les instrumens de la corruption et tous les raffinemens de la débauche, c'est être parvenu au suprême degré de la gentillesse ».

Vous voyez, ajouta Polli, que si elle pardonne à ses ennemis qui l'ont mis en jugement, elle ne pardonne point au pays où elle a été jugée. Cependant je ne sais par quel ordre l'hôtel de Kingston à Londres a été meublé, et qui a fait mettre dans les papiers publics, que la comtesse de Bristol revenait en Angleterre. Il n'en est rien, mais je ne crois pas malgré cela qu'elle reste cet hiver à Calais. Dans son dernier voyage à Paris, elle a acheté, rue Coqhéron, un hôtel magnifique (1). Elle m'en a parlé, dit madame de Laville, comme d'une maison si superbe et si grande, que nous pourrions tous y loger avec nos maris et nos enfans sans la gêner. Je

____

(*) C'est à présent l'hôtel du parlement d'Angleterre.

n'en vois pas moins avec chagrin ce projet, qui s'exécuta fort peu de temps après. Madame de Kingston alla à Paris à la fin de l'automne ; elle y amena Polli et sa famille qui y passèrent l'hiver. Elle conserva jusqu'à sa mort une correspondance suivie avec madame de Laville ; c'était elle qui était chargée de répandre les bienfaits de la Duchesse sur la ville de Calais ; et dans quelle main pouvaient-ils être mieux placés ! Avec quelle délicatesse, quel zèle, la Marquise remplissait les intentions de son amie ! Combien de négocians ont dû, à des sommes prêtées sans intérêt et sans époques fixes pour être remboursées, de pouvoir soutenir leur commerce chancelant ! Combien de jeunes filles eussent été pleurer dans un couvent, le malheur d'avoir un cœur sensible , si elles n'eussent pas reçu de la Duchesse, par les mains de madame de Laville, des dots proportionnées à leur état dans le monde et mettaient d'accord les parens! Que de talens, comme le disait un orateur de l'autre siècle, eussent été ensevelis dans la misère, et qui brillèrent avec éclat, grâce à l'éducation que la Duchesse faisait donner aux jeunes gens qui annonçaient d'heureuses dispositions! Enfin, par les soins de l'amie de la Duchesse, Calais ne s'aperçut de son absence que par le chagrin qu'éprouvaient ceux qui avaient part à ses largesses, de ne pouvoir lui témoigner personnellement leur reconnaissance.

Arrivée à Paris, elle y eut bientôt

une Cour brillante, sur-tout parmi les savans et les artistes en tous genres, qu'elle accueillait avec une grâce infinie. Elle fut intimement liée avec Gluck : cet homme sublime qui avait deviné l'accent musical de notre langue, et à qui la scène lyrique est redevable de ces belles compositions qui donnent une idée de la tragédie grecque. Gluck s'était donné à la duchesse de Kingston avec tout l'abandon de la plus sincère amitié du moment où il lui avait entendu dire : que le génie annonçait ordinairement une ame forte et libre. Il conçut pour elle la plus haute estime, et ne cessa de la voir et de la cultiver ; et lorsqu'à son départ de Paris pour Vienne, il prit congé de la Duchesse, leurs regrets mutuels éclatèrent d'une manière qui n'honora

pas moins la sensibilité de notre héroïne, que celle de l'auteur d'Alceste
et d'Iphigénie.

Lady ayant été à Fontainebleau
dans le temps où la Cour y était, elle
sut que le superbe château de Sainte-
Assise était à vendre ; elle y alla et en
fut très-contente. De retour à Paris,
elle conclut promptement le marché,
mais elle en jouit peu.

Alléguer la beauté, la vertu, la jeunesse,
  La mort ravit tout sans p.deur :
Un jour le monde entier accroîtra sa richesse.

Ainsi cette femme qui avait été la
plus belle de son temps, qui était une
des plus riches, entourée de tout ce
qui fait la félicité de l'homme sur la
terre, ayant été passer quelques jours
dans ses terres, se sentit attaquée d'une
fièvre

fièvre légère. Le médecin du canton assura que ce n'était rien, néanmoins elle partit pour Paris où elle fut encore plusieurs jours sans qu'il parût rien de dangereux dans son état.

Le 27 août 1788, elle eut un crachement de sang qui parut la soulager. Elle se leva plus tard qu'à l'ordinaire, se promena dans son salon, en s'appuyant sur une personne qui se trouva présente, et s'entretint à plusieurs reprises avec quelques amis dans le cours de la matinée. Sur les deux heures elle demanda un verre de vin, marcha, après l'avoir bu, jusqu'au bout du salon, se fit amener sur son sopha et s'assit. Alors, se laissant aller en arrière, elle expira sans pousser un soupir, le 28 août 1788, âgée de soixante-huit ans révolus.

Son corps ayant été ouvert pour être embaumé, le cœur et les poumons furent trouvés en bon état, mais on trouva qu'un vaisseau s'était rompu dans sa poitrine. Elle avoit fait venir en France un jurisconsulte anglais pour rédiger son testament. Cependant ses héritiers en contestèrent la validité. Ils se fondèrent sur ce qu'ayant été fait en France, il n'était point revêtu des formes qui y sont requises. Les scellés ayant été mis sur tous les effets, ainsi qu'un arrêt sur tout ce qu'elle possédait ici, ses plus proches parens furent appelés, et s'y rendirent pour établir leurs droits à la succession. Le colonel Glower, dont nous avons fait mention à l'article de son jugement, était un de ses plus proches collatéraux ; il vint aussi pour prouver ses droits à l'héritage , ainsi que ceux des autres cohéritiers.

Elle laissa tant en terres , maisons, diamans et meubles, quatre cent mille livres sterlings qui furent partagés entre neuf cohéritiers : son testament ayant été cassé, comme nous l'avons dit , parce qu'il avait été fait en France avec la forme anglaise. Il était en faveur d'Evelyn Meadows, et portait entr'autres dispositions « que si elle mourait près de Saint-Pétersbourg, elle y fût enterrée, ajoutant qu'elle voulait que son corps fût déposé où son cœur avait toujours été placé.

» Elle laissa une garniture de pierreries à l'impératrice de Russie.

» Un gros diamant au pape.

» Ses superbes boucles d'oreilles et

son collier de perles à la comtesse de Salisbury, parce qu'ils avaient appartenus à une comtesse de ce nom sous le règne de Henri IV.

» Un bouton de chapeau de brillans avec sa boutonnière, au duc de Neucastle.

» Elle avait ordonné que son corps fût enterré à Pierrepont, lieu qu'elle avait choisi pour sa sépulture si elle mourait en France ».

Elle y fut inhumée suivant ses désirs. Telle fut la fin de cette femme extraordinaire dont la réputation fut si différente en France que dans sa patrie, où ses nombreux caprices et la conduite qu'elle tint avec ses maris, la firent regarder comme peu estimable, tandis qu'en France on ne vit

jamais en elle que la bienfaisance per-
sonnifiée. Elle y eut des amis parmi
les hommes célèbres qui honorèrent
sa mémoire de leurs souvenirs, et les
infortunés qu'elle secourut, la bénis-
sent encore.

FIN DE LA DUCHESSE DE KINGSTON.

LE MARIAGE

IMPRÉVU,

ANECDOTE ANGLAISE.

LE MARIAGE

IMPRÉVU.

Que mon sort est à plaindre! voilà six mois que je parcours l'Angleterre, sans trouver une ame sensible qui vienne à mon secours; on me dit sans cesse que je suis jeune, fort; que l'on manque de matelots, et que je devrais m'enrôler; mais ils ne savent pas, ces braves gens, que je suis encore plus paresseux que pauvre, et que la plus brillante fortune qui me coûterait de la peine, perdrait pour moi de son prix. D'ailleurs, ne dois-je point, d'après la prédiction que m'a

faite certaine bohémienne, faire un
grand mariage? Mais ma toilette commence à me donner de grandes in-
quiétudes ; mon habit s'échappe de
toute part : ma chaussure est encore
plus mauvaise. Quelle cravatte! quel
gillet! Il est impossible, dans pareil
équipage, que je puisse plaire à quelque riche veuve; et puis je maigris
tous les jours : je deviens diaphane.
Si mon dîner d'hier a été frugal, mon
déjeûner d'aujourd'hui sera encore
pis, car je n'ai pas un schelling. Pauvre Paul Grew! à quoi t'a servi d'a-
voir une de tes parentes reine d'Angleterre! Cependant, je ne veux pas
perdre courage. J'aperçois là bas une
assez belle habitation, je vais y porter
mes pas; peut-être me donnera-t-on
de quoi continuer ma route jusqu'à

Londres, où la fortune certainement m'attend; mais à peine puis-je monter cette colline : je suis excédé de fatigue et de besoin. Restons ici; quelques momens de repos me rendront peut-être mes forces. Paul Grew, en disant ces mots, se coucha au pied d'un arbre, et s'endormit.

Mistriss Wallis, veuve d'un riche négociant, s'était trouvée, à vingt ans, maîtresse d'une immense fortune, dont elle avait cru ne pouvoir jamais trouver la fin. Toilette brillante, ameublement somptueux, bals, fêtes, voyages dans les pays étrangers, chevaux, chasse (car Mistriss avait tous les goûts), coquette à l'excès, il ne lui avait manqué jusqu'alors que la passion du jeu; et ce ne fut que lorsque son homme d'affaires lui eut ap-

pris que plus de la moitié de sa fortune était dissipée, qu'elle s'imagina
trouver dans le jeu une ressource assurée ; mais elle se trompa cruelle-
ment : et elle n'eut pas joué pendant six mois, qu'il ne lui restait
plus que sa terre dans le Hampshire, où elle fut forcée de se retirer
pour échapper, au moins pendant
quelque temps, aux poursuites de ses
créanciers. Là elle forma de grands
projets de réforme dont elle n'exécuta
aucuns; car, ne trouvant point à satisfaire son goût pour le luxe et la dé-
pense, elle se rendait presque toutes
les nuits à Londres, où on la voyait
dans les assemblées les plus tumul-
tueuses, bravant ses créanciers qui
ne pouvaient jamais l'atteindre, ayant
d'excellens chevaux qui, d'un mo-

ment à l'autre, la portaient à plusieurs milles d'eux. Cela ne pouvait durer toujours ; et plusieurs de ses parens vinrent l'avertir qu'avant la fin de la semaine elle serait arrêtée ; c'était là tout ce qu'elle redoutait, ayant son douaire sur une terre près de celle qu'elle habitait, elle était à l'abri de la misère. Cependant, pour tranquilliser ses amis elle les assura que d'ici à trois jours elle serait à l'abri de toutes poursuites. Ils voulurent inutilement savoir quels moyens elle emploierait ; elle ne voulut jamais les leur apprendre. Cependant elle passa la journée très-gaîment, fit bonne chère, porta des toasts à ses chers créanciers, et fit mille extravagances qui ne rassurèrent en rien ses parens qui la voyaient toujours dans les

mains des connétables. Le lendemain
dès le matin, elle sonna sa femme-
de-chambre, et lui ordonna de faire
préparer un bain, et tout ce qui était
nécessaire pour la toilette la plus élé-
gante. Et où va donc Madame, dit
Jenni? — Chez ma sœur, à Tom-
Ham. — Quoi! Madame! chez madame votre sœur, qu'il y a dix ans
que vous n'avez vue; qui est dévote à
l'excès? Que pouvez-vous en espérer?
Est-ce en allant chez elle somptueuse-
ment parée, que vous lui persuaderez
que vos affaires sont en mauvais
état? — Ce n'est point non plus dans
cette intention que j'y vais. Je sais
très-bien que nos Saints ne donneront
rien qu'aux élus du Seigneur, et que
ma sœur me laisserait plutôt mourir
de faim, que de me donner le plus

léger secours. Aussi n'est-ce point pour cela que je vais chez elle; mais c'est pour me trouver à un mariage. Quoi! votre nièce miss Poly se marie! Comment votre chère sœur a-t-elle pu se décider à lui donner une dot? — Ce ne sera pas sûrement sans peine. — Le mari est-il jeune? — Entre deux âges. — Beau? — Pas mal. — De la fortune? — Je l'ignore. — Mistriss sera-t-elle long-temps chez madame sa sœur? — Le moins que je pourrai. — Qui est-ce qui suivra Madame? — Je n'ai besoin de personne. On mettra le cheval alzan à mon karic. — Mais si Madame est rencontrée par des voleurs? — Crois-tu que John m'en garantirait? ce pauvre garçon mourrait de peur à la vue d'un pistolet.

D'ailleurs je ne m'exposerai point, et je ne ferai route qu'au grand jour.

Pendant cette conversation la toilette de mistriss Wallis s'avançait : quand Jenni y eut mis la dernière main, sa maîtresse, se regardant dans son miroir de toilette, lui dit : Crois-tu, Jenni, que je puisse plaire encore ? — Eh ! Madame, qui en peut douter ? Je pensais tout-à-l'heure, en voyant la fraîcheur de votre teint, le brillant de vos yeux, l'élégance de votre taille, que si miss Poly n'était pas mariée, au moment où vous arriverez chez sa mère, vous pourriez bien lui enlever son futur. — Je n'en ai nul dessein. — Sans dessein, quelquefois, Madame, on réussit. — Depuis dix ans je suis veuve ; j'ai refusé vingt

vingt partis plus brillans les uns que
les autres ; et tu crois que j'irais enlever à cette pauvre Poly, son époux ?
Je ne suis pas capable d'une pareille
injustice. Et je crois encore, si j'en
avais le désir, que je pourrais prétendre à faire un mariage sortable.
Mais en vérité je n'en ai pas le projet. Elle sonna, donna ses ordres pour
sa voiture ; on lui demanda si elle
voulait dejeûner, elle répondit qu'elle
n'avait pas faim ; mais qu'il fallait que
l'on mît, dans le karïc, une excellente
cantine, du vin de Bordeaux, deux
tasses d'argent et deux fourchettes.
Jenni sourit et ne douta point que sa
maîtresse n'eût donné un rendez-vous.
Le lecteur le croit aussi, et il se
trompe : et bientôt il saura que Mistriss n'avait aucune certitude de trou-

ver un compagnon pour partager son repas avec lui. Comme elle s'était levée de très-bonne heure, il n'y avait encore personne de sa société de levée au château quand elle en sortit. Elle donna à son cuisinier des ordres pour un diner splendide, priant qu'on ne servît cependant pas avant huit heures du soir ; et montant dans son karïc, elle partit au grand trop, prenant, comme elle l'avait dit, le chemin de Thom-Ham. Elle avait fait environ deux milles, lorsqu'elle aperçoit, à l'entrée d'un petit bois, notre voyageur que nous y avons laissé profondément endormi. Elle arrête son cheval, considère avec attention Paul Grew. Elle lui trouve une physionomie noble, malgré le triste délâbrement de sa toilette, que l'on voyait bien cependant n'être pas celle d'un homme du peuple. Voilà, dit-elle en elle-même, quelqu'un qui me conviendrait bien; mais il faut savoir s'il est libre : que risquerai-je à le lui demander? Et sortant légèrement de son karïc, elle attache son cheval; et s'approchant du voyageur endormi, elle lui frappe sur l'épaule. Paul Grew ouvre les yeux, et que l'on juge de son étonnement, en se sentant réveillé par une femme encore jeune, belle, superbement mise, et qui le regardait avec bienveillance. Eh! mon Dieu! Milady, qui me procure l'attention de vos grâces? Serais-je assez heureux pour pouvoir vous rendre quelque service. — Vous pouvez m'en rendre un très-grand, reprit Mistriss; mais il faut avant nous con-

naître davantage. Voulez-vous partager un assez bon déjeûner que j'ai pris
la précaution de faire mettre dans ma
voiture. — Vous me faites trop d'honneur, Lady. — Et à moi beaucoup
trop aussi, de me donner un titre qui
ne m'appartient point ; je ne suis que
mistriss Wallis, veuve d'un des plus
riches banquiers de Londres. Mais
nous n'en déjeûnerons pas moins bien ;
faites-moi le plaisir de prendre dans
ma voiture une corbeille qui contient,
si on a rempli mes ordres, ce qui doit
suffire pour un repas. Paul Grew
mourait de faim : on ne pouvait rien
lui annoncer qui lui fût plus agréable que la certitude de manger. Il
se hâta de s'emparer de la corbeille ;
et quelle fut sa joie d'y trouver une
volaille aux trufles, du jambon, des

perdreaux froids, des biscuits, des fruits confits, et à côté de la corbeille, trois flacons, dont deux de Bordeaux et un de Champagne. O Providence ! disait-il tout bas, que je te remercie !

Quand tout fut placé sur le gazon, Mistris l'engagea à s'y asseoir à côté d'elle. Paul Grew ne pouvait concevoir cet excès de bonté ; mais il était bien décidé à en profiter dans toute son étendue ; car il se croyait décidé à être le héros de quelqu'aventure galante, sa vanité lui faisant penser que mistriss Wallis avait accordé à sa figure une attention particulière, et que c'était à cela seul qu'il devait des prévenances si marquées. Mais il attendait en silence que la dame s'expliquât. Elle qui voyait avec quelle

avidité le pauvre diable mangeait, ne
voulut point l'interrompre par des
questions indiscrètes. Quand elle le vit
à peu près rassasié, elle lui demanda
si elle pourrait sans l'offenser le prier
de lui dire son nom, et quelques par-
ticularités de sa vie qui devait être in-
téressante, sur-tout ses manières con-
trastant infiniment avec ses habits.
Rien de si facile, Mistriss, que de
vous satisfaire.

« Je m'appelle Paul Grew, ma naissance est honnête, mais ma fortune
au-dessous du médiocre. Dixième
enfant d'un gentilhomme qui ne possédait guères que cent livres sterlings
de rente, il est aisé de deviner que
ma portion était si faible qu'elle ne
valait pas la peine d'être recueillie.

Mon père, en mourant, nous engagea,
mon frère aîné et moi, à tout laisser
à nos huit sœurs, afin qu'elles pussent
trouver à se marier : nous y consen-
tîmes sans peine. Mon frère partit
pour les Indes, où selon toute appa-
rence il est mort, car je n'en ai pas
entendu parler depuis. Alors je me
décidai à passer sur le continent. J'al-
lai d'abord en France, où je me serais
trouvé fort bien, si mes fonds n'y avaient
pas éprouvé une diminution trop sensible, qui me fit prendre le parti de
revenir ici, où je lutte péniblement
contre la misère ; mais au moins je
conserve ma liberté. — Vous n'êtes
donc point marié, reprit Mistriss ? —
Et qui voudrait d'un infortuné comme
moi ! — Vous êtes jeune ; n'avez-vous
donc aucune espérance ? — Aucune !

Vous ne demandez pas un emploi.
— Je m'en sens incapable, et puis, la
liberté.... — Mais si on vous offrait,
en la perdant, une existence suppor-
table. — De quelle liberté parlez-vous
(car se souvenant de l'horoscope, il
commençait à imaginer qu'enfin il
avait rencontré sa belle et riche veuve)?
si c'est de celle que l'amour nous fait
perdre, qui pourrait vous voir, Madame, et la conserver? Mistriss sourit. Si c'est cet asservissement qu'un
bienfaiteur ou qu'un emploi nous
force à regretter, je vous répète, Madame, que ces derniers moyens de
perdre ma liberté ne peuvent me con-
venir. — Vous êtes galant, sir Grew;
mais enfin, pour parler sans feinte,
si on voulait vous marier? — Madame cherche à se réjouir un moment,

ment; mais je me prête volontiers à la plaisanterie, et je vais y répondre. Quelques avantages que j'ai reçus de la nature m'ont fait penser quelquefois qu'il serait possible que je pusse plaire à quelque belle; mais croiriez-vous que je suis difficile sur le choix, qu'il me faut de la beauté, de l'esprit, des grâces, une réputation intacte, un état sortable dans la société? et comment voulez-vous, Madame, qu'avec un habit comme le mien, je puisse rencontrer ce chef-d'œuvre des cieux. Le rencontrer! ah! je sais à présent qu'il n'est pas difficile à trouver : et se levant avec impétuosité, il se jette à ses pieds. Ah! Madame, pardonnez à mon audace; mais vous avez ouvert mon cœur à l'espérance, et l'amour fait le reste.

Tome IV.   14

Madame Wallis joua l'embarras, balbutia quelques mots, exigea impérieusement qu'il se levât, et lui dit : « Ceci demande quelques réflexions, et votre situation ne permet point de remise. Je renonce au projet de voyage que j'avais formé : je vais vous ramener chez moi ; mais pour ménager votre amour-propre et le mien, vous y garderez l'*incognito* jusqu'à ce que je puisse vous présenter à mes parens d'une manière convenable. — Ange du ciel ! dieu tutélaire, qui vous conduit sur mes pas ? Ah ! puisse le ciel vous combler de toutes ses bénédictions. Et ramassant précipitamment les débris du déjeûner, il les remit dans la corbeille, celle-ci dans la voiture, donna le bras à Mistriss pour y monter, se mit à côté d'elle, et ils partirent.

Il est impossible d'être plus aimable

que Grew le fut dans ce court trajet.
On dit même que la belle veuve ne
put l'entendre sans intérêt, et qu'elle
regretta....... Arrivée au château, elle
s'arrêta à une petite porte des basses-
cours, où elle pria Grew de descendre, l'assurant qu'il ne serait pas long-
temps sans avoir de ses nouvelles;
continuant sa route, et entrant par
la porte principale elle descendit au
perron. Ses amis étaient dans le salon,
et la croyant à Thom-Ham, ils furent
fort surpris en la voyant. Mais elle
leur dit en peu de mots, qu'ayant
trouvé ce qu'elle cherchait, elle n'a-
vait pas cru devoir poursuivre sa
route; et prétextant qu'elle va changer de toilette, elle monte aussitôt
dans son appartement, suivie de Jenni,
à laquelle elle donne ordre d'aller

14 *

trouver Grew, de le faire entrer mystérieusement dans le château, par un escalier dérobé qui donnait dans la basse-cour, et de le conduire dans sa chambre où Jenni le prierait d'attendre quelque temps ; et Mistriss ajouta : Envoyez-moi John, j'ai à lui parler.

Jenni, accoutumée aux conférences secrètes de sa maîtresse, ne fut point surprise de l'ordre que l'on lui donnait ; mais lorsqu'elle ouvrit la petite porte, et qu'elle aperçut Paul Grew, avec un habit tout déchiré, un pantalon de toile, de mauvais bas et des souliers poudreux, elle fut d'une surprise extrême, et ne savait plus que penser. Cependant elle obéit et engagea sir Grew à la suivre. Celui-ci lui dit quelques galanteries, car il faut toujours payer ces sortes de services, d'une manière ou d'une autre.

Arrivés dans la chambre de Jenni, elle lui souhaita le bonjour, ferma la porte à double tour, et s'en alla. Voilà une drôle d'aventure, disait à lui-même Paul Grew. Puis-je me flatter qu'elle arrive à bien, et que je sois l'heureux époux de la jolie veuve? Elle est ma foi charmante. Et quelle diable de fantaisie a-t-elle aussi de m'épouser! Ah! Paul Grew, prend garde à toi : crains de te voir père plus tôt que tu ne voudrais. Comme il était tourmenté par cette désagréable réflexion, il entend mettre la clef dans la serrure, et voit entrer John, avec un habit du meilleur goût, du linge superbe, des bottes bien cirées, et qui lui offre de le peigner et de le raser, ce qu'il accepta : et en moins d'un quart-d'heure il était à peine reconnaissable, tant la toilette faisait valoir ses avantages. Paul Grew jeta un coup d'œil sur le miroir de Jenni, et il lui paraît moins extraordinaire que mistriss Wallis ait pris pour lui une passion si subite. Jenni ne tarda pas à le venir chercher; elle le conduisit dans le salon, où l'on n'était pas encore rassemblé, et où il eut le temps d'admirer l'ameublement. Quelques minutes après, mistriss Wallis, deux de ses cousines et leurs maris entrèrent. La belle Veuve le présenta à ses parens, comme l'époux qu'elle avait choisi, ils l'en félicitèrent, et dirent les choses les plus flatteuses à M. Grew, qui soutint parfaitement le rôle que la fortune lui faisait jouer. Mistriss Wallis le regardait avec complaisance, et disait à

une de ses cousines, nommée Fanni :
Convenez qu'il est charmant, et que
c'est bien dommage !..... Elle dit ce
dernier mot si bas, que Grew ne put
l'entendre.

. On servit le repas le plus somptueux et le plus délicat; une argen-
terie magnifique, le plus beau linge;
il avait déjà remarqué que les gens
étaient bien vêtus et paroissaient parfaitement heureux. Quelle douce il-
lusion pour le pauvre Grew! Il bé-
nissait le ciel d'avoir ramené ses pas
dans le comté d'Hampshire, et de lui
avoir fait rencontrer cette riche veuve
qui allait enfin réparer les torts de la
fortune envers lui.

Après le souper, on le conduisit
dans un fort joli appartement, où le
cousin de madame Wallis lui sou-

haita une bonne nuit, et lui demanda à quelle heure il serait visible pour qu'on fît avertir le notaire. Le plus tôt sera le mieux, dit Paul Grew; car jamais je ne serai assez tôt certain de mon bonheur; et ils se quittèrent fort contents l'un de l'autre. La nuit mille rêves charmans bercèrent l'ami Grew, et dès sept heures du matin il était sur pied. A huit Jenni vint l'avertir que l'on allait prendre le thé. Il se rendit dans l'appartement de madame Wallis, qu'il trouva plus charmante encore que la veille. Un déshabillé le plus élégant ajoutait à ses grâces : elle en mit infiniment à servir elle-même le thé, que Paul Grew trouva délicieux versé d'une si belle main. Ah! disait-il à celle dont il allait être l'heureux époux, que je vais faire d'envieux ! et comment pourrais-je jamais mériter tant de bonheur! Cela vous sera bien facile, répondait modestement la veuve. — Pendant qu'on prenait le thé, le notaire arriva. Madame Wallis dit à son cousin, rendez-moi le service, mon cher Alphonse, de faire rédiger cet acte par lequel je donne à mon futur époux tout ce que je possède pour en jouir sa vie durant; du reste, pour ce qui est du douaire, du préciput et de ces termes barbares, je les abandonne au notaire, il les arrangera comme il lui plaira; sir Grew donnez vos noms et vos qualités. Grew s'avança, prit le titre de baronnet et assura mille livres de douaire à mistriss. Jamais on n'avait menti avec plus d'assurance, quant aux biens que l'un et l'autre firent énoncer dans cet acte, qu'ils signèrent avec un mutuel contentement.

Aussitôt après que le contrat fut signé, mistriss dit qu'elle allait envoyer à Winchester pour demander les dispenses, car il me paraît fort inutile que nous perdions du temps à attendre les délais prescrits par les lois ecclésiastiques. J'imagine du moins que M. Grew est sur cela de mon avis. — Vous me rendez justice, Madame, et vous ne pouvez douter de mon empressement. On écrivit donc à l'évêque et l'on fit partir un courrier, avec ordre de ne point perdre de temps. La journée se passa très-agréablement; Paul Grew était d'une humeur fort enjouée, et sa prochaine fortune ajoutait à sa gaîté naturelle. Elle fut encore augmentée le soir lorsqu'il trouva dans sa chambre en se retirant un charmant nécessaire, qui renfermait, outre des bijoux d'assez grands prix, une bourse qui contenait cent guinées. Il aperçut aussi près de son lit une malle qu'il trouva pleine de linge à son usage et plusieurs habits complets, dont un fort riche, qu'il pensa devoir être celui de noce. Voilà, dit-il, ce qu'on ne voit guères ; ordinairement les hommes se ruinent pour faire des présens à leurs futures ; mais c'est ici tout le contraire : c'est à moi à qui l'on offre ces beaux présens, et je n'ai rien à offrir que ma personne ; mais ma veuve s'y connaît, et elle rend justice à tout mon mérite. John vint l'interrompre au milieu de ses gracieuses réflexions, pour lui dire que Mistriss l'attendait. Il s'habilla et on ne peut pas disconvenir qu'il est impossible d'avoir meilleure mine et l'air plus grand seigneur que Paul Grew dans son habit de noces : et qui l'aurait vu sur le chemin de Winchester deux jours avant, n'eût certainement pas pu le reconnaître. Quand mistriss Wallis l'aperçut, elle s'écria par un mouvement involontaire : ah ! qu'il est bien ! Et lorsque Paul lui prit la main pour la baiser, elle serra la sienne avec affection, et lui dit : cher Grew, jamais votre image ne s'effacera de mon cœur, et si l'absence, le temps... — Et que parlez-vous d'absence, reprit Paul, avec une sorte d'inquiétude, ne dois-je pas passer

mes jours auprès de vous ? — Quelquefois des devoirs sacrés, pénibles...
— Je n'en connaitrai jamais d'autre
que de prouver à mon adorable amie
ma reconnaissance et mon amour
pour elle. Il la serra dans ses bras
avec transport. La veuve, effrayée,
craignant sa propre faiblesse, se dé-
roba à ses caresses, et allait se ren-
fermer dans son boudoir lorsque sa
cousine entra. Venez, chère Fanni,
lui dit-elle, me garantir de moi-même
et de la vivacité de sa tendresse. Je
ne croyais pas être de trop, dit Fanni,
avec ce ton ironique que les femmes
savent si bien employer; je croyais
votre hymen une affaire de raison et
nullement d'amour. Pouvais-je la
voir, reprit Paul, sans que sa beauté
enflammât mon cœur? et le feu de la

reconnaissance n'a-t-il pas dû allumer le flambeau de l'amour ? — Je ne m'y oppose pas, dit la femme d'Alphonse, mais c'est peut-être un malheur pour tous deux.

Le courrier qui arrivait mit fin à cette discussion. Il avait couru toute la nuit, et l'évêque qui connaissait beaucoup mistriss Wallis et qui estimait le nom de Grew, ne mit aucun retard à la grace que l'on demandait. Il ne fallait plus qu'un aumônier; Alphonse se chargea d'aller avertir le ministre de la paroisse, qui, voyant les dispenses de l'évêque et la lettre gracieuse que son Excellence écrivait à mistriss Wallis , dit qu'il serait prêt à recevoir les sermens des époux à l'heure qui leur conviendrait.

Mistriss Wallis, lorsqu'Alphonse

fut de retour, fixa cette heure si dé-
sirée d'un côté, si crainte de l'autre,
à huit heures du soir, voulant jouir
toute la journée des adorations de
Grew. Il redoubla de grâces et d'a-
mabilité ; le tendre embarras , la
douce mélancolie qui se peignaient
dans les yeux de la veuve, ne lais-
saient point à son amant de doute
sur la vérité de son triomphe, et son
bonheur s'en augmentait encore.

Enfin l'heure fatale arriva ; fatale
me dira le lecteur ? Quoi, un homme
qui n'a rien dans le monde, réduit à
attendre de la bienveillance de ses
semblables de quoi dîner, et ne le trouvant pas toujours, qui rencontre une
femme charmante, une maison bien
montée.... — Mais vous oubliez donc
mon cher les dettes de madame Wallis.

—Tant de braves gens en ont, n'en soupent pas moins bien, ont des loges au spectacle, des chevaux, des voitures. — Oui ; en France, mais en Angleterre ce n'est pas la même chose.

Au moment de se rendre à la chapelle, madame Wallis s'évanouit, et Paul Grew au désespoir ne savait à quoi attribuer le trouble des sens de cette infortunée. Ses premiers soupçons vinrent agiter son esprit ; mais l'amour que madame Wallis lui inspirait, les dissipèrent bientôt, et il ne vit plus, dans la situation où se trouvait sa future, que la preuve d'une sensibilité et d'une délicatesse excessive. Enfin, on arrive au pied des autels où le ministre reçoit leurs sermens.

On revient au château ; le souper est

est servi. Madame Grew, car enfin elle avait pris ce nom, ne peut manger. Une pâleur mortelle couvre son front; sa main est tremblante, et des soupirs entrecoupés s'échappent de sa poitrine. Ses amis s'en affligent et ne reconnaissent plus en elle cette femme si vive, si légère, que rien n'affectait; c'est qu'elle n'avait jamais aimé, et par un malheur extrème, l'amour l'attendait à ce moment.

Enfin celui de parler arriva, et à l'instant où Grew l'invitait à se retirer seule avec lui, elle pria Alphonse et sa femme de les suivre dans son appartement. Dès qu'ils y furent entrés, mistriss Grew se jetant dans les bras de son époux, le serra contre son cœur, et lui dit : qu'il me soit au moins permis une fois de vous témoigner l'amour que vous m'avez inspiré et dont mon cœur brûlera jusqu'à mon dernier soupir. Grew, muet d'étonnement, ne savait à quoi attribuer un si étrange discours. Alphonse voyant que les forces manquaient à sa cousine pour s'expliquer, parla à Grew en ces termes. L'honneur que vous avez fait, Monsieur, à ma cousine, de lui donner votre nom, rejaillit sur nous, et nous le mettrions au nombre des choses les plus heureuses arrivées dans notre famille, si des circonstances cruelles ne changeaient pas notre joie en sensibles regrets. Ma cousine, suivant la générosité de son cœur, et par une extrême confiance dans un homme d'affaires, plus voleur qu'ils ne le sont ordinairement, se trouve complètement ruinée, tous ses biens saisis. Il ne lui reste que son douaire, hy- pothéqué sur une terre dont le fonds appartient aux héritiers de son mari. Ses créanciers ne s'en sont pas tenus là, ils ont obtenu des jugemens par corps contre elle, et peut-être que demain on serait venu l'arrêter. Il ne lui res- tait donc d'autres ressources que de se marier, elle vous a rencontré. Tou- chée de la situation où la fortune vous avait réduit, elle a pensé qu'elle pour- rait l'adoucir en vous chargeant, sans aucun danger, du paiement de ses dettes, qui, comme vous le savez, regardent entièrement l'époux ; elle a pensé aussi que tout pays vous se- rait indifférent. Voici un passe-port pour vous rendre en France, où ma- dame Grew vous fera passer très-exactement, tant qu'elle vivra, deux cents livres sterlings, dont elle peut disposer, sur celle de huit cents livres de douaire insaisissable que lui avait assuré son premier mari. Nous espérons que cet arrangement ne vous offensera pas ; et la douleur que vous voyez empreinte sur les traits de ma cousine, vous prouve assez combien elle est pénétrée de ne pouvoir passer ses jours avec vous. Le ciel m'est témoin, s'écria madame Grew, que s'il ne fallait que sacrifier la moitié de ma vie pour passer l'autre avec vous, je ne balancerais pas un moment. Mais vous ne répondez rien, cher Grew, vos regards peignent un sentiment pénible ; aurais-je perdu votre estime par la cause que j'ai été forcée d'employer ? — En vérité ,

Madame, reprit Grew, je suis si étonné qu'il me serait difficile de descendre au fond de mon cœur pour savoir bien précisément ce qui s'y passe. Vous faites beaucoup pour moi, et je vous dois infiniment de reconnaissance; mais j'espérais passer mes jours avec vous dans une grande opulence, et me voilà banni de ma patrie, n'osant jamais y revenir crainte des connétables, séparé d'une épouse que j'aurais tendrement aimée, ne pouvant jamais former d'autres liens; vous conviendrez avec moi que ce mécompte est considérable. Cependant je suis loin de me plaindre, et je m'estime encore heureux d'assurer votre liberté et votre repos. Le seul reproche, Madame, que j'aie à vous faire, c'est de n'avoir pas eu en moi assez de confiance pour m'appreudre quels étaient vos projets. Ah! j'en conviens, s'écria la nouvelle mariée, et je me le reprocherai toute ma vie. Mais dites-moi, en nous séparant, peut-être pour toujours, que vous me pardonnez ; et si des circonstances plus heureuses pouvaient nous réunir, vous reverriez avec quelque plaisir une épouse qui vous adorera jusqu'à la fin de sa vie. — Que ne puis-je, Madame, vous donner des preuves de ma tendresse. Non, non, dit Alphonse, nous n'avons pas de temps à perdre; les connétables sont près d'ici, je vous accompagne, Monsieur, jusqu'à Portsmouth, où un de mes amis se chargera de vous conduire sur son bord en France. John qui est dans la confidence a mis vos ef-

fets dans la voiture, les chevaux sont
mis, partons. Madame Grew fon-
dant en larmes, voulait partir avec
son époux. Impossible, lui dit Fanni,
ne savez-vous donc point que ce serait l'exposer d'une manière certaine?
car vous ne sauriez quitter l'Angleterre dans la position où vous êtes
sans déclarer votre mariage, et alors
sir Grew perdrait sa liberté. Cette
raison seule la fit consentir à se sé-
parer de celui qu'elle n'aimait que depuis deux jours, mais à l'idolâtrie; et
après avoir reçu de lui le seul et
dernier baiser d'amour, ils se quittèrent pour ne jamais se revoir.

Grew arriva avec le cousin de sa
femme à Portsmouth, où ils trouvèrent, comme ce dernier lui avait dit,
un vaisseau prêt à mettre à la voile.

Ils se quittèrent avec des témoignages réciproques d'estime. Il promit à Alphonse de lui donner de ses nouvelles aussitôt qu'il serait arrivé en France, et Alphonse l'assura qu'il veillerait avec le plus grand soin à ce qu'il touchât très-exactement la somme promise ; l'autre parut n'y pas mettre un grand intérêt ; et au fait, cependant rien ne lui tenait plus à cœur.

La traversée fut heureuse et il aborda au Hâvre d'où il se rendit à Paris. Il se logea en homme qui prétend se fixer dans un pays, prit un domestique et vécut d'une manière simple, mais douce. Il cultivait les lettres, se fit quelques amis parmi les savans, et eut la réputation d'un homme sage, modéré et vraiment philosophe. Il écrivait assez souvent

en

en Angleterre, et sa correspondance avec celle qui portait son nom n'était pas un de ses moindres plaisirs, car madame Grew écrivait à merveille; eh! quelle est la femme qui écrit mal lorsqu'elle parle d'amour à l'homme qu'elle adore! Celles de Grew étaient une peinture de tout ce qu'il voyait à Paris, la critique de nos mœurs et le sel de la satire sans être amer était piquant et varié. Madame Grew avait appris à son mari que pour jouir sans trouble de la liberté qu'elle lui devait, elle avait abandonné à ses créanciers tout ce qu'elle possédait, et s'était retirée chez sa cousine Fanni, qui adoucissait pour elle, autant qu'il était possible, la profonde douleur que leur séparation lui causait.

Cette douleur avait été si vive,

que la santé de madame Grew en
avait été totalement détruite. Cependant par amour pour Paul, elle faisait tout son possible pour se conserver, car elle était désolée lorsqu'elle
pensait qu'à sa mort son cher Grew
serait réduit à l'état dont elle l'avait
tiré momentanément, et elle recom-
manda sur-tout à ses amis de ne rien
lui écrire qui pût l'alarmer sur son
état. Il ne le saura que trop tôt, disait-elle : laissons-le jouir tranquillement de sa situation présente. Ainsi
il ignorait complètement l'état de sa
femme; lorsque se promenant un jour
au Palais-Royal, il aperçut un homme
dont la physionomie ne lui paraissait
pas inconnue ; il s'approche et cet individu s'arrête et lui dit : n'êtes vous point
Paul Grew ?— Oui, c'est moi; mais,

vous, n'êtes-vous point mon cher Tom?
et ils se précipitèrent dans les bras
l'un de l'autre. Voilà, dit enfin Tom,
car c'était réellement le frère aîné de
Grew, trois mois que je te cherche
inutilement. J'ai été en arrivant de
l'Inde dans la maison paternelle où
je n'ai plus trouvé que trois de nos
sœurs : deux sont mortes, et trois autres sont mariées en Écosse. Celles
qui sont restées dans le Hampshire
n'ont pu me dire ce que tu étais de-
venu, seulement qu'elles croyaient
que tu étais en France. Après leur
avoir fait part d'une partie de mes
immenses richesses, en les chargeant
de présens pour celles qui sont mariées, je suis venu te chercher à Paris,
où jusqu'à ce jour mes recherches ont
été inutiles ; mais puisque nous voilà

réunis, viens chez moi, je t'en conjure ;
je veux te présenter ma fille , seul fruit
d'un hymen que l'amour avait rendu
trop heureux , et dont la mort a brisé
les liens.

Paul suivit son frère qui le conduisit à l'hôtel de l'Europe où il occupait
un superbe appartement avec sa fille
Betty. Elle était belle de toute beauté:
Paul ne put la voir sans en être épris ,
et il regretta à ce moment, par un
mouvement involontaire, que des liens
indissolubles l'unissent à celle qui ne
pouvait rien pour sa félicité. Puis il
pensa aussi qu'ayant vingt ans de
plus que sa nièce qui venait d'en avoir
quatorze, ce ne serait sûrement pas
lui qu'elle choisirait. Cependant Betty,
enchantée de trouver un oncle beau
et jeune encore , lui donna mille té-

moignages d'amitié. Thom demanda
à son frère de lui raconter de quelle
manière il avait passé son temps depuis leur séparation, et Paul ne lui
laissa rien ignorer et sur-tout son sin-
gulier mariage. — J'en suis fâché, dit
son frère, cela dérange mes projets; et
il n'ajouta rien autre chose.

Cependant Paul ne pouvait voir
tous les jours son aimable nièce sans
l'aimer davantage. En vain recevait-
il les lettres les plus passionnées de
madame Grew, il ne trouvait presque plus d'expressions pour lui répondre. Enfin il reçut une lettre d'Alphonse qui lui apprit, avec tous les mé-
nagemens qu'il croyait convenables,
que le ciel avait terminé les jours de
madame Grew, que son nom avait
été le dernier mot qu'elle eût pronon-

cé, et qu'il n'y avait aucun doute que son amour l'avait conduite au tombeau, et que son plus grand regret avait été de penser qu'elle le laissait sans fortune. Paul ne put être insensible à la mort d'une femme qui l'avait aussi sincèrement aimé, et il en fit part à son frère qui appela aussitôt Betty à qui il dit : il est libre ma fille, tu peux l'aimer. Paul ravi de ces paroles croyait qu'un songe l'abusait. Son frère l'assura qu'il ne se trompait pas, et qu'il avait toujours eu le projet de l'unir à sa fille même avant de quitter l'Inde. Il fut cependant convenu que par respect pour la mémoire de sa bienfaitrice, Paul ne passerait à d'autres nœuds qu'après le temps destiné au grand deuil. Je veux plus, dit Thom, comme mon intention est de retourner en Angleterre, je paierai les dettes de ta femme afin que nous puissions vivre tranquilles au sein de notre patrie. Tout s'exécuta comme Thom l'avait projeté, et Paul Grew fut avec sa chère Betty le plus heureux des hommes, et conserva toujours des relations avec Alphonse et sa femme, en mémoire de celle dont le constant amour eût mérité un sort moins cruel.

FIN.

DE L'IMPRIMERIE DE LEFEBVRE,
RUE DE LILLE, N°. 11.